D1724300

Les défis de l'entreprise familiale

Société-conseil Alain Samson inc.
1196 rue du Sourcier
Drummondville, Québec
Canada
J2C 8J6

514-616-2499

www.alainsamson.com
www.alainsamson.org

Alain Samson

Les défis de l'entreprise familiale

Société-conseil
Alain Samson

Table des matières

Alain Samson

Introduction

Dans un monde où les mots rationalisation, restructuration et aplatissement de la pyramide correspondent trop souvent aux organisations publiques et parapubliques, faire partie d'une entreprise familiale constitue un véritable privilège : chacun est en relation plus ou moins directe avec le pouvoir et peut influencer l'avenir de l'entreprise. C'est l'environnement idéal pour ceux qui souhaitent se réaliser et s'engager pleinement.

Cependant, pour l'entreprise familiale, de gros nuages noirs se profilent à l'horizon. Plus de la moitié des entreprises familiales perdront en effet leur dirigeant dans les 5 à 8 prochaines années et, dans 80 % des cas, le dirigeant actuel n'a pas encore assuré sa relève.

Trop souvent, l'organisation se retrouvera sans personne pour en assurer la continuité une fois le patron parti. De plus, à cause du vieillissement de la population, il n'y aura pas nécessairement d'acheteur dans les parages le jour où la mort ou la maladie frappera le dirigeant actuel. Cette collection veut aider l'entrepreneur à franchir avec succès les phases d'évolution de l'entreprise.

Ce premier titre se veut la pierre angulaire de cette collection. Vous y trouverez les éléments d'information nécessaires à la compréhension des défis qui attendent ceux qui sont liés, de près ou de loin, à une entreprise familiale. Il se veut le point de départ d'une collection axée sur la préservation et la croissance de l'entreprise.

CE LIVRE EST-IL POUR VOUS?

Que gagnerez-vous si vous vous rendez à la dernière page de ce livre? Qu'est-ce que cette lecture vous apportera? Ce livre est pour vous si vous vous reconnaissez dans l'une des descriptions suivantes.

Si vous êtes le propriétaire de l'entreprise, vous prendrez conscience de ce que vous pouvez faire pour que la gestion quotidienne de votre entreprise ne soit pas assombrie par des conflits familiaux.

Si vous êtes un membre de la famille, votre lecture vous permettra de déterminer si vous avez envie de vous intégrer à l'entreprise et comment vous pouvez maximiser vos chances de réussite et contribuer au succès de l'organisation.

Si vous êtes un employé qui ne fait pas partie de la famille et que l'avenir de l'organisation vous préoccupe, vous trouverez dans les chapitres qui suivent les éléments qui vous permettront d'entrevoir l'avenir de l'entreprise familiale et ses chances de succès. Vous pourrez déterminer si vos efforts doivent être investis ailleurs.

Alain Samson

Si vous êtes un conseiller auprès des entreprises familiales (comptable, fiscaliste, conseiller en sécurité financière, consultant, etc.), ces pages vous fourniront un cadre conceptuel vous permettant d'adapter vos interventions afin de faire grandir la valeur perçue de vos interventions.

Finalement, si vous êtes un mentor, vous découvrirez des outils pour mieux assumer votre important rôle.

J'ai fait partie d'une entreprise familiale il y a une dizaine d'années. J'en garde un souvenir impérissable. Je veux donc vous aider à vous réaliser pleinement tout en favorisant la croissance de votre organisation. Par le fait même, vous contribuerez au mieux-être de la société, qui est fortement lié à la santé des entreprises familiales.

Le chapitre 1 vous aidera à définir le type d'entreprise familiale dans laquelle vous travaillez. C'est une étape essentielle vers la saine gestion parce que ce qui peut contribuer au succès d'un type d'organisation entraînera souvent l'échec de l'autre. Si vous ne lisez qu'un chapitre, il faut que ce soit celui-là.

Le chapitre 2, portant sur les sources de conflits, vous fera mieux comprendra les problèmes auxquels doivent faire face quotidiennement les membres l'une entreprise familiale. Vous apprendrez à voir venir les conflits.

Il arrive également que les conflits qui minent l'entreprise tirent leur origine de la famille elle-même. Abordant les problèmes familiaux dans l'entreprise, le chapitre 3 vous fera réaliser qu'une entreprise est mise en péril si elle est gérée comme une famille.

Le chapitre 4 vous fera travailler avec les concepts présentés dans les trois premiers chapitres. Quelques entreprises familiales fictives y sont diagnostiquées. Vous prendrez alors conscience de la nécessité, pour l'entreprise familiale, de bien s'équiper afin d'éviter les écueils les plus fréquents.

Le chapitre 5 traite du conseil de famille, dont la raison d'être est de favoriser le développement de chacun des membres de la famille sans pour autant nuire à la croissance de l'organisation.

Le chapitre 6 porte sur la formation d'un comité de direction. Ce type de comité permet une gestion plus efficace de l'entreprise, sans interférence indue le la famille.

Dans le chapitre 7, il est question de l'actionnariat et des relations qu'il doit entretenir avec l'entreprise et avec la famille. Il s'agit d'un chapitre important, puisque les gens ont souvent tendance à confondre la possession d'une entreprise et sa gestion.

Finalement, le chapitre 8 vous présente l'éventail des professionnels qui peuvent aider une entreprise familiale à relever les défis que constituent la continuité, l'harmonie et la saine gestion.

Au terme de votre lecture, vous saurez dans quel type d'entreprise familiale vous travaillez et quels sont les défis qui l'attendent. Vous serez en mesure de résoudre ou même de prévenir les conflits qui nuisent à

Alain Samson

sa saine gestion et vous vous serez doté des outils qui vous permettront d'assurer sa croissance et sa pérennité. Mieux encore, vous saurez vers qui vous tourner si la situation l'impose.

Chapitre 1

Les types d'entreprises familiales

Une entreprise familiale est une entité économique dans laquelle on retrouve au moins deux membres d'une même famille. L'entreprise appartient, au moins en partie, à une personne issue de cette famille. Le dépanneur du coin est souvent une entreprise familiale, de même que le fabricant des aliments IAMS ou la société qui fait mijoter les soupes Campbell's.

Pendant des années, les chercheurs ont quelque peu ridiculisé les propriétaires d'entreprises familiales qui soutenaient que leurs entreprises respectives étaient uniques et qu'une démarche uniforme ne saurait leur convenir. Ces chercheurs avaient la conviction que les règles de la saine gestion s'appliquaient à toute entreprise, qu'elle soit familiale ou non. Ils avaient tort. La même formule ne peut s'appliquer à toutes les entreprises, car chacune se distingue sur plusieurs plans. Dans les faits, il n'existe pas un modèle d'entreprise familiale, il en existe des dizaines. Chacun requiert des stratégies distinctes.

Dans ce premier chapitre, vous verrez ce qui distingue votre entreprise familiale des autres organisations.

Vous découvrirez, étape par étape, les trois principaux ingrédients de l'entreprise.

L'INGRÉDIENT DE BASE : UNE ENTREPRISE

Une entreprise, c'est un rêve devenu réalité. Un beau matin, une personne a eu une idée. Elle a découvert que des clients étaient mal servis par les entreprises en place et qu'il y avait moyen d'offrir un service ou un produit présentant un meilleur rapport qualité-prix. Elle s'est alors lancée à corps perdu dans ce projet.

Dans un premier temps, l'entrepreneur vit ce que Léon Danco, spécialiste américain de l'entreprise familiale, a appelé les moments d'hébétement. L'entreprise n'est pas encore vraiment lancée, ses clients se comptent sur les doigts de la main, les fournisseurs rechignent à offrir des modalités de paiement plus souples et les dépenses dépassent largement les revenus. Si Danco parle de moments d'hébétement, c'est que le nouvel entrepreneur, les yeux au ciel, passe ses journées à se demander pourquoi il s'est lancé dans pareille aventure. S'il pouvait revenir en arrière, il le ferait probablement. Si vous avez ce sentiment, l'entreprise en est à la **phase de l'hébétement (phase H).**

Alain Samson

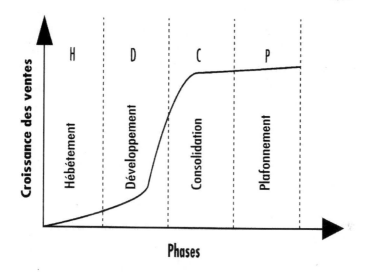

CROISSANCE DES VENTES DURANT LA VIE DE L'ENTREPRISE

Comme le montre le graphique précédent, la croissance des ventes est très faible durant cette phase; les profits, quant à eux, sont inexistants. L'entrepreneur est en apprentissage et il fait autant d'erreurs que de bons coups. Comme il travaille beaucoup, l'entreprise finit par grandir. Si l'entrepreneur n'abandonne pas, c'est en grande partie parce qu'il veut montrer au monde qu'il réussira. Il a sa fierté, après tout...

Ce sont là des moments difficiles. En se couchant, l'entrepreneur espère qu'aucun créancier trop pressé ne viendra mettre un terme à son rêve. Il vit stressé mais, curieusement, 30 ans plus tard, il se remémorera cette époque en se disant que «c'était le bon temps».

À moins d'être fort bien capitalisée, une entreprise à la phase H ne peut durer bien longtemps. Si elle ne passe pas rapidement à la phase suivante, elle cessera d'exister. Au Canada, 27,6 % des nouvelles entreprises ferment leurs portes après un an. Ce taux monte à 45,3 % au bout de deux ans et à 68 % au bout de cinq ans. En France, une étude récente montre que le taux de survie des nouvelles entreprises n'est que de 59 % après trois ans.

L'entreprise à la phase H se reconnaît assez facilement : elle n'offre généralement qu'un produit ou service, et son propriétaire-dirigeant est impliqué partout. Dans l'entreprise, tous se rapportent à lui, rien ne se fait sans son approbation. L'organigramme de cette organisation ressemblerait à une araignée avec le propriétaire-dirigeant au centre et tous les employés reliés à lui, sans nécessairement être liés les uns aux autres. Toute l'information passe donc par le propriétaire-dirigeant, si bien que les employés n'entendent pas nécessairement la même version des faits selon l'humeur du patron, la qualité de la relation qu'ils entretiennent avec lui et le moment de la conversation.

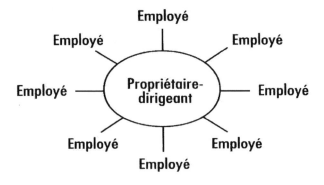

Alain Samson

Les défis auxquels fait face l'entreprise à la phase H sont nombreux : se tailler une place dans le marché, trouver du financement en attendant l'atteinte du seuil de rentabilité et planifier ses activités à moyen et à long terme. Si ces défis ne sont pas relevés, l'entrepreneur devra renoncer à son rêve et passer à autre chose.

Passé cette première phase, l'entreprise se trouve dans sa **phase de développement (phase D)**, comme le montre le graphique de la page 1 6. Elle correspond au moment où le marché découvre enfin l'entreprise et est prêt à lui donner sa chance. Les ventes croissent rapidement et, pour la première fois depuis sa création, l'entreprise dégage des profits.

Le nombre d'employés aussi grandit, donc le dirigeant peut enfin commencer à déléguer les tâches dont il s'acquittait jusqu'alors mais qui l'empêchaient de bien jouer son rôle.

Il n'est pas rare que l'entreprise à la phase D ajoute à son offre d'autres produits ou services afin de mieux servir ses clients. Les défis qui attendent alors le propriétaire-dirigeant sont bien différents de ceux auxquels il devait faire face jusque-là.

Il doit déléguer les tâches quotidiennes pour axer son travail sur l'avenir de l'entreprise. Pour un dirigeant qui se considère comme le plus compétent des employés, ce n'est pas toujours facile. Par exemple, si un employé prend trop de temps pour accomplir une tâche, le propriétaire-dirigeant sera tenté de faire le travail lui-même plutôt que d'offrir une meilleure formation à son subalterne.

Il doit s'initier à la planification stratégique. Il a fondé l'entreprise parce qu'il avait découvert un moyen de mieux servir un segment de clientèle, mais cette meilleure offre risque de devenir désuète à mesure que les concurrents amélioreront la leur. Grâce à la planification stratégique, il conservera cette longueur d'avance qui permet à son entreprise de grandir.

Il doit rendre l'entreprise indépendante de sa présence. Il ne peut se permettre voir l'entreprise cesser ses activités s'il doit s'absenter pour cause de maladie ou pour prendre des vacances.

Il doit adopter des politiques claires quant aux relations qu'entretiennent l'entreprise et la famille.

La phase de développement peut durer plusieurs années; tôt ou tard pourtant, la croissance des ventes ralentit. Le marché étant bien servi et n'offrant plus la possibilité d'une véritable croissance, l'entreprise se retrouve en **phase de consolidation (phase C)** et doit faire face aux préoccupations et aux défis propres à cette phase.

Pour consolider la présence de l'entreprise sur le marché, la direction peut procéder à l'acquisition de ses concurrents, ou à celle de ses fournisseurs ou de ses clients. Elle peut également décider de se lancer dans des marchés qu'elle n'avait pas courtisés jusque-là. C'est une période trouble parce que toutes ces décisions exigent des réinvestissements massifs. Cela survient souvent au moment où les besoins financiers des membres de la famille atteignent un sommet.

Alain Samson

Heureusement que l'entreprise compte désormais sur une équipe de direction aguerrie et sur des clients fidèles. Tout est en place pour une évaluation stratégique des options de croissance. Or, certaines entreprises ne se remettront pas en question à ce moment et elles passeront directement à la **phase du plafonnement (phase P)**. Les raisons pour lesquelles une entreprise atteint la phase P sont nombreuses. En voici quelques-unes.

Le refus de remettre en question les tactiques qui ont fait le succès de l'entreprise au moment de sa création, 20 ou 30 ans auparavant.

L'absence d'une relève qui pourrait induire des idées nouvelles dans l'organisation.

La présence de «bois mort» dans l'équipe de direction. Par bois mort, nous entendons ces dirigeants qui ne veulent rien remettre en question en se disant que c'est plus sage ainsi et que, de toute façon, ils n'en sont qu'à quelques années de la retraite.

L'entreprise à la phase P fait face à cette alternative : se remettre en question et relancer le cycle ou attendre d'être éjectée du marché et disparaître. Alors, votre entreprise en est à quelle phase?

L'INGRÉDIENT SUIVANT : DES PROPRIÉTAIRES

Une entreprise appartient à une ou à des personnes qui peuvent influer sur son développement. Au lancement de l'entreprise, ces personnes seront souvent des investisseurs mais, au fil du temps, elles deviendront des actionnaires. Selon Ivan Lansberg, auteur de Succeeding Generations, les propriétaires d'une entreprise familiale peuvent être de trois types.

Il y a tout d'abord le propriétaire de type 1. L'entreprise repose alors sur un individu ou un couple; s'il y a d'autres propriétaires, on leur demandera rarement leur opinion. Le propriétaire de type 1 préfère de loin les partenaires silencieux qui se contentent de signer les résolutions en fin d'année sans poser trop de questions sur les décisions stratégiques.

Le type 1 est souvent associé aux entreprises de première génération, mais si arrive fréquemment que, si le fondateur a plusieurs enfants, la majorité d'entre eux reçoivent de l'argent et des placements, tandis qu'un seul devient propriétaire de l'entreprise. Dans les faits, la propriété de type 1 est la plus répandue en Amérique du Nord.

Le propriétaire de type 1 fait face à de nombreux défis. Si l'entreprise est en démarrage, la principale préoccupation de son dirigeant est le financement des activités. Il faut permettre à l'entreprise de survivre jusqu'à ce qu'elle devienne rentable. C'est en grande partie pour cette raison que les partenaires silencieux sont les bienvenus. L'oncle Marcel ou la tante Jacqueline investissent dans l'entreprise en espérant qu'ils pourront un jour retrouver leur mise.

Pour connaître le succès, le propriétaire de type 1 doit également prendre conscience de ses faiblesses. Il

Alain Samson

ne peut être bon en tout, et il lui faut admettre qu'il besoin d'aide à un moment ou l'autre. S'il s'entête à tout gérer lui-même sans que personne n'évalue ses performances, il risque de conduire l'entreprise à sa perte. Cela est d'autant plus regrettable si l'entreprise a franchi l'étape des balbutiements parce que, à ce moment, c'est également l'avenir de ses employés que joue le propriétaire chaque fois qu'il prend une décision.

Il revient également au propriétaire de type 1 de prévoir son départ éventuel et de préparer l'organisation à lui survivre. Il doit choisir et préparer son ou ses successeurs. S'il ne le fait pas, le fisc et le destin décideront probablement de l'avenir de son entreprise.

Quand deux ou plusieurs enfants d'une même famille possèdent l'entreprise, il s'agit de propriétaires de type 2. C'est généralement à la suite d'une planification successorale que la propriété passe du type 1 au type 2, même s'il arrive que l'entreprise naisse ainsi quand un frère et une sœur, par exemple, se lancent conjointement en affaires. Des propriétaires de type 2 peuvent être à la tête d'une entreprise qui se situe à n'importe quelle phase (hébétement, développement, consolidation ou plafonnement), mais ils feront face à des défis autres que ceux qui attendent les propriétaires de type 1.

Ils doivent décider qui sera le patron. Ce n'est pas toujours une décision facile à prendre, surtout quand la planification n'a pas été assurée. Imaginez deux enfants qui se retrouvent soudainement propriétaires d'une entreprise à la suite du décès accidentel du fondateur. Si aucun d'eux n'a été préparé pour la direction, arriveront-ils à s'entendre sur ce sujet ou préféreront-ils faire comme si de rien n'était ? Heureusement, il est possible de gérer à deux, ou même à trois, une entreprise familiale. Il suffit d'établir une bonne structure.

Ils doivent jongler avec les besoins des actionnaires non impliqués dans l'entreprise. Si un enfant a reçu une part de l'entreprise mais qu'il n'est pas impliqué dans celle-ci, son attachement émotionnel est plus faible et il préférera que l'entreprise verse de plus gros dividendes plutôt qu'elle investisse pour l'avenir. Il arrive fréquemment que, pour ne pas soulever de conflit, les propriétaires de type 2 continuent à verser des dividendes et mettent ainsi en péril l'avenir de l'entreprise.

Ils doivent préserver la direction de l'entreprise. Les propriétaires de type 2 vivent avec une menace constante : que se passerait-il si certains actionnaires vendaient leurs actions à des tiers (des concurrents même) et que ceux-ci décidaient de s'imposer dans l'organisation ? Pour que l'entreprise familiale demeure familiale, ils doivent mettre en place des moyens de contrer les fâcheuses éventualités.

Ils doivent se doter d'un bon processus de résolution des conflits. S'ils ne le font ras, l'entreprise ne survivra pas. Les décisions ne peuvent pas être repoussées indéfiniment. Si les propriétaires de type 2 gèrent difficilement les conflits, l'entreprise passera rapidement à la phase du plafonnement, ce qui nuira à l'ensemble des personnes qui en dépendent.

Alain Samson

Une entreprise qui continue de grandir et qui est bien gérée se retrouvera finalement avec des propriétaires de type 3. La propriété de l'entreprise est alors plus diluée. On y retrouve autant des membres de la famille élargie que des gestionnaires ne faisant pas partie de la famille, si bien que, encore une fois, les défis changent.

La représentativité au sein de l'actionnariat doit être préservée. Si une branche de la famille compte cinq enfants et qu'une autre branche en compte un seul, les votes au cours d'une assemblée se prendront-ils à 5 contre 1 ou à 1 contre 1? Il importe de se doter de mécanismes qui permettront une prise de décision efficace sans créer de ressentiment parmi les actionnaires. La convention entre actionnaires constitue le meilleur outil.

Il faut également donner la possibilité aux actionnaires de vendre leurs actions sans que soient déstabilisés les propriétaires. Dans une famille où il y a trois branches, si une branche vend ses actions à une autre, cette dernière aura la plus grande part de pouvoir dans l'actionnariat.

Finalement, parce que l'entreprise ne peut pas nécessairement offrir de l'emploi à tout le monde, les actionnaires pourraient accepter de financer le démarrage d'entreprises gérées par des membres de la famille.

Alors, la propriété de votre entreprise est-elle de type 1, 2 ou 3?

Propriété de type 1 : un individu ou un couple.

Propriété de type 2 : deux ou plusieurs enfants d'une même famille.

Propriété de type 3 : membres de la famille élargie et autres actionnaires.

Vous avez une idée plus précise du type de votre entreprise familiale, sa phase et son type de propriété étant définis. Il ne reste qu'un ingrédient à ajouter.

L'INGRÉDIENT FINAL : UNE FAMILLE

Il reste l'étiquette à apposer à votre famille avant de pouvoir établir de quel type est votre entreprise familiale. Selon le cas, la famille sera de type jeunes parents (JP), de type enfants d'âge adulte (EAA), de type ensemble (E) ou de type relève (R).

La famille de type jeunes parents (JP)

Elle regroupe de jeunes parents et des enfants mineurs. C'est souvent dans ce cadre qu'est lancée une entreprise. Les parents, encore en bonne santé, sont à des années-lumière de penser à la retraite. Les enfants, eux, vivent en marge de l'entreprise et absorbent ce que les parents veulent bien leur transmettre. Ainsi, si un des parents rentre régulièrement du travail en se plaignant des soucis qui l'accablent, des clients qui ne comprennent rien et des fournisseurs qui insistent pour être payés, l'enfant grandira en se disant que la vie en entreprise est loin d'être intéressante. Curieusement, les parents seront surpris, bien des années plus tard, quand leur rejeton refusera de s'intégrer à l'organisation. La famille de type JP fait face à de multiples défis, dont les suivants.

Faire grandir l'entreprise sans sacrifier le couple
Ce défi est difficile à relever quand l'entreprise en est à ses balbutiements. Les ressources financières étant limitées, la survie de l'organisation exige beaucoup d'efforts et de temps. Mal gérées, ces exigences ne tardent pas à imposer des sacrifices au jeune couple qui peut très bien chavirer.

Décider s'il s'agit d'un projet d'envergure ou d'un passe-temps
Le jeune couple doit également décider si l'entreprise est un passe-temps qui disparaîtra quand il le décidera ou s'il s'agit d'une entreprise qui lui survivra. Dans le deuxième cas, les parents doivent déjà songer au cadre qui permettra d'accueillir (ou non) les enfants quand ils seront en âge de travailler.

Apprendre aux enfants la valeur de l'argent
Selon les succès ou les insuccès de l'entreprise, la famille vivra avec un sur-, or un manque de ressources financières. C'est dans l'abondance que les familles de type JP acquièrent les pires habitudes.

Dans une famille de type JP, les parents se sentent fréquemment coupables de négliger les enfants et tentent de compenser ce manque en leur offrant cadeau sur cadeau. Les enfants en viennent à penser que tout leur est dû et qu'ils n'ont qu'à demander pour recevoir. Nous verrons au chapitre 4 les répercussions que cela peut avoir sur l'entreprise.

Dans d'autres cas, pour aider leurs enfants à gagner de l'argent de poche, les parents leur confieront des tâches mineures dans l'entreprise et les surpayeront.

Les enfants décodent alors que l'entreprise est là pour les servir et qu'ils ne lui doivent à peu près rien en contrepartie. Si la famille de type JP néglige d'apprendre aux enfants la valeur de l'argent, elle en fera des enfants gâtés qui éprouveront beaucoup de difficulté quand viendra le temps de s'intégrer dans la société.

Les enfants doivent se rendre compte le plus tôt possible que l'argent constitue le fruit des efforts et du temps investis dans des activités productives. Ils ne doivent pas rechigner chaque fois qu'ils se salissent les mains ni être gênés du fait qu'ils ont accès à plus de ressources financières que leurs amis.

Dans le même ordre d'idées, les enfants devraient toucher une allocation hebdomadaire qu'ils devront gérer le plus efficacement possible. Que se passera-t-il quand ils hériteront s'ils n'ont pas appris à gérer leurs dépenses personnelles? Trop souvent, les parents compensent leur absence par un approvisionnement constant en argent, au fil des besoins, si bien qu'il est très difficile d'évaluer quel montant d'argent les enfants ont obtenu au bout de l'année.

Apprendre aux enfants le respect

De quoi parlez-vous pendant les repas? De qui parlez-vous? Avez-vous tendance à parler dans le dos de certains employés? Si c'est le cas, quelle image vos enfants retiennent-ils du mot employé?

Faites attention à ce que vous dites. Vous ne voulez pas que vos enfants grandissent en associant des émotions négatives aux mots fournisseurs, client, banquier ou gouvernement. Imaginez les dégâts qu'ils pourraient provoquer quand ils arriveront dans l'entreprise !

Faire sentir aux enfants que leur individualité est respectée
Vos enfants grandissent. Certains voudront s'intégrer à l'entreprise tandis que d'autres caresseront d'autres rêves. Vous ne souhaitez pas que ces derniers sentent qu'ils cesseront d'être aimés le jour où ils vous annonceront qu'ils ont d'autres projets que ceux de servir l'organisation. Ce ne sont pas des employés, ils n'ont pas à respecter les objectifs du trimestre courant. Pour qu'ils grandissent dans l'harmonie, faites en sorte qu'ils sachent que vous les aimez comme ils sont et pour ce qu'ils sont.

La famille de type enfants d'âge adulte (EAA)
La famille de type EAA représente celle dont les enfants d'âge adulte font leur arrivée dans l'entreprise. À ce moment, les parents ont atteint le mitan de la vie. Il s'agit d'une période difficile pour la famille qui n'est pas en mesure de relever les défis suivants.

Évaluer les besoins de l'entreprise avant l'arrivée du jeune adulte
Un enfant ne devrait pas obtenir un poste pour la seule raison qu'il fait partie de la famille. Si l'entreprise n'a pas besoin de lui ou s'il ne possède pas la formation requise pour occuper un poste, il est normal que vous l'invitiez à acquérir des compétences avant de lui offrir un emploi.

Pour de nombreuses raisons que nous verrons au cours des deux prochains chapitres, l'embauche d'un descendant est souvent automatique. Cela n'augure rien de bon pour l'avenir de l'organisation.

Repérer les éléments clés parmi le personnel

Si les meilleurs employés constatent que les enfants font leur entrée dans l'entreprise et que ces derniers obtiendront probablement les promotions éventuelles, le constat de plafonnement et la déconnexion émotive qui peut s'ensuivre les pousseront peut-être à quitter l'organisation pour une entreprise non familiale.

La famille de type EAA devrait pressentir le plus tôt possible les futurs leaders au sein de son personnel et dresser avec eux un programme de développement du leadership. La mise en place de ce programme fait l'objet du guide Vos futurs leaders, un ouvrage du même auteur.

Forcer l'acquisition de connaissances en comptabilité
Qu'il s'intègre à l'entreprise ou qu'il se contente du statut d'actionnaire, un membre de la famille doit comprendre les résultats financiers tout comme les répercussions de ses décisions. Si ce n'est pas le cas, offrez-lui des occasions de s'initier à la comptabilité.

Favoriser chez l'enfant une distanciation par rapport au travail

L'enfant, devenu jeune adulte, ne doit pas se percevoir comme un employé de l'entreprise mais bien comme un individu ayant choisi de s'y intégrer. Il doit rester conscient du fait qu'il peut à tout moment aller travailler pour une autre organisation ou effectuer un retour aux études.

Faire connaître les intentions de la génération précédente

Est-ce bien une entreprise familiale? Sera-t-elle laissée en héritage aux enfants ou sera-t-elle vendue à des étrangers? Si les enfants sont laissés dans l'ignorance, ils risquent de se préparer inutilement pour des défis qu'ils n'auront jamais à relever. Il n'est jamais trop tôt pour penser à l'avenir.

La famille de type ensemble (E)

Dans la famille de type E, les enfants sont devenus des partenaires avec qui les parents travaillent quotidiennement, et non des employés. C'est l'ère de la cohabitation, ère pendant laquelle la génération la plus âgée communiquera son savoir à la génération montante, tandis que cette dernière tentera de communiquer ses valeurs et ses suggestions d'innovation à la génération qui la précède. Très souvent, les membres de la génération montante (qui ont probablement déjà des enfants) suggèrent de nouveaux investissements, mais la génération précédente veut plutôt épargner en vue de sa retraite. Pendant cette période, le choc des générations aidant, les conflits ne manqueront pas. Les enfants ont pris de l'assurance, ils ont eu l'occasion de relever quelques défis, ils sont prêts à relancer le cycle de développement de l'organisation.

Voici deux défis qui attendent la famille de type E.

Encourager l'expression des divergences d'opinions.

Cela peut sembler facile, mais ce ne l'est pas. Très souvent, le propriétaire-dirigeant se sent menacé par la génération montante et il préfère bâillonner ses enfants plutôt que d'écouter leurs suggestions. Dans d'autres occasions, c'est la génération montante qui refuse d'écouter la voix de l'expérience.

La famille doit se doter de moyens pour encourager le choc des idées. Nous traiterons de ces moyens aux chapitres 4, 5 et 6.

Retrouver le goût du risque

Si les prochains dirigeants de l'entreprise ne se cassent pas la gueule au moins une fois pendant qu'ils font partie de la génération montante, ils le feront une fois rendus à la tête de l'entreprise. La génération montante devrait avoir l'autorisation de lancer des projets, aussi risqués soient-ils, si ceux-ci ne mettent pas l'entreprise en péril. Il vaut mieux qu'elle commette des erreurs tout de suite, quand leur coût relatif est moindre.

De toute façon, qui dit que les projets des enfants sont voués à l'échec? Ce sera une véritable révélation pour les parents s'il s'avère que les idées des plus jeunes connaissent du succès. Il n'y a rien de mieux pour les enfants qui voudraient bien qu'on cesse de les appeler «les jeunes» et qu'on commence à les traiter comme des gestionnaires responsables.

La famille de type relève (R)

Elle doit assurer la relève. La famille de ce type est généralement constituée de parents à l'aube de la retraite et d'enfants qui, ayant fait leurs preuves, sont prêts à prendre le flambeau.

Les défis qu'elle doit relever sont nombreux. Parmi ceux-ci, les plus importants seront les suivants.

Alain Samson

Transmettre le pouvoir

L'être humain qui vient de passer 40 années de sa vie à développer une entreprise en laisse difficilement le contrôle à une autre personne. Certains entrepreneurs ont l'impression d'abandonner leur bébé, et plusieurs érigent des obstacles sur la voie de la génération montante afin de prouver son incompétence et de reprendre les rênes de l'organisation. Par exemple, ils choisissent de partir alors que l'entreprise se dirige vers une crise inévitable ; ils savent alors qu'ils seront rappelés en sauveurs très rapidement.

Obtenir le respect des employés les plus expérimentés

Les employés de longue date craignent l'arrivée des jeunes à la direction. Ils ont peur de leurs idées innovatrices et de ne pas figurer dans le plan de match de la relève. Pour ces raisons, ils entretiennent souvent une certaine animosité envers les nouveaux dirigeants. Ils vont par exemple s'amuser à appeler la nouvelle patronne «La petite», «La fille à papa» ou tout autre surnom qui laisse entendre que c'est sa filiation, bien plus que ses compétences, qui lui a valu ce poste.

On peut prévenir ce genre d'accueil en s'assurant que l'enfant a acquis de l'expérience ailleurs avant de faire ses premières armes dans l'entreprise et en planifiant bien son arrivée au sein du personnel.

Maintenir l'harmonie parmi les membres de la génération montante

Alors que les plus jeunes étaient jusqu'ici tous égaux dans l'organisation, il est possible que l'un d'eux devienne le patron des autres, ce qui peut envenimer les relations. Si le choix du successeur n'a pas été annoncé à l'avance, des tensions peuvent naître et des départs fulgurants peuvent survenir. Des lieux de discussion officiels (le conseil de famille, notamment) doivent être prévus si on souhaite voir ces tensions se dissiper.

Faire le ménage dans l'entreprise

La génération sortante s'est souvent abstenue de faire le ménage avant de quitter l'entreprise. Il y a sur place des gestionnaires qui ont fait leur temps et qui rapporteraient peut-être davantage à l'entreprise s'ils restaient chez eux. Ces gestionnaires risquent de résister aux changements qui seront bientôt apportés.

Il faut donc relever de leurs fonctions ceux qui constituent un passif pour l'entreprise. La génération sortante ne s'y opposera pas : elle sait ce qu'il en est, mais elle a toujours repoussé cette corvée.

L'identité de votre entreprise

Alors, votre famille est-elle de type JP, EAA, E ou R ?

> Type JP : jeunes parents
> Type EAA : enfants d'âge adulte
> Type E : ensemble
> Type R : relève

Notez ici la combinaison lettre-chiffre-lettre, soit la phase où se situe votre entreprise, le type de propriété et le type de famille :

Alain Samson

LES 48 TYPES POSSIBLES D'ENTREPRISES FAMILIALES

H1JP	D1JP	C1JP	P1JP	H1EAA	D1EAA	C1EAA	P1EAA
H1E	D1E	C1E	P1E	H1R	D1R	C1R	P1R
H2JP	D2JP	C2JP	P2JP	H2EAA	D2EAA	C2EAA	P2EAA
H2E	D2E	C2E	P2E	H2R	D2R	C2R	P2R
H3JP	D3JP	C3JP	P3JP	H3EAA	D3EAA	C3EAA	P3EAA
H3E	D3E	C3E	P3E	H3R	D3R	C3R	P3R

Pour être bien gérés, ces 48 types d'entreprises familiales nécessitent des stratégies à la fois semblables et distinctes. Ce qui fera le succès d'une entreprise de type JP1H sonnera peut-être le glas d'une entreprise de type R3P. Gardez à l'esprit le caractère particulier de votre entreprise tout au long de votre lecture.

Ainsi, parce qu'il est plus difficile de réunir les propriétaires de type 3, les réunions du conseil de famille seront moins fréquentes. Par contre, des comités seront probablement formés. En raison de la proximité des gens et du nombre plus restreint de personnes concernées, ces comités ne seront pas nécessaires si la propriété est de type 1.

Remarquez également que le type de votre entreprise familiale changera avec le temps. Un décès prématuré peut faire passer la propriété du type 1 au type 2. L'arrivée d'un enfant dans l'entreprise fait passer la famille du type JP au type EAA. Une innovation technologique qui vous est inaccessible peut faire passer l'entreprise de la phase D à la phase P.

La planification de la relève, par exemple, n'implique pas de trouver un leader capable de gérer l'entreprise sous sa forme actuelle mais dans la forme qu'elle prendra une fois la passation du pouvoir effectué. Il ne faut donc pas se demander qui aurait pu relever les défis d'hier mais plutôt qui saura relever les défis de demain.

Faites lire ce premier chapitre aux autres membres de votre famille. Faites-leur remarquer les défis qui attendent l'entreprise et entendez-vous sur le type particulier de votre entreprise familiale.

Voilà! Le décor est planté. Vous savez maintenant dans quel type d'entreprise vous vous trouvez actuellement. Avant que la pièce soit jouée, il vous reste à déterminer le nom et le rôle des acteurs. C'est ce que vous ferez au prochain chapitre.

Alain Samson

Chapitre 2

Les sources de conflits

Les sources de conflits sont nombreuses dans une entreprise familiale. Voyons quelques exemples qu'il m'a été donné de voir récemment.

Pierre est directeur général d'une usine de produits de plastique. Il a imaginé, il y a deux ans, un programme d'amélioration des installations de production qui a été refusé par les actionnaires de l'entreprise. Aujourd'hui, l'entreprise est en perte de vitesse parce que ses concurrents sont plus efficaces.

Il n'y a plus de party de Noël dans la famille Lafond. Il y a trois ans, un des enfants a profité de l'événement pour se plaindre du fait que les membres de la famille qui ne se sont pas intégrés à l'entreprise sont moins bien considérés que les autres. La soirée a dégénéré et, depuis, les rencontres familiales se font rares.

Louise a coupé les ponts avec son père depuis que celui-ci lui a expliqué, le plus sérieusement du monde, qu'elle ne pouvait prendre les rênes de l'entreprise parce qu'elle est une femme et que la place des femmes est à la maison.

Lucien et David, deux frères, ne se parlent plus. Le froid s'est installé peu à peu entre eux parce que Lucien est persuadé que son frère gagne un meilleur salaire que lui. En réalité, David ne gagne pas plus que Lucien, mais il n'hésite pas à s'endetter pour acheter tout ce qui lui tente. David est un acheteur compulsif.

Vous serez surpris d'apprendre qu'il est possible, à la suite d'une simple démarche que vous serez invité à faire dans ce chapitre, de prévoir les principaux conflits qui germent dans une entreprise. Il suffit de positionner les acteurs en présence dans ce que nous appellerons la carte des interactions. Ce chapitre et celui qui suit vous permettront d'aller à la source des principaux conflits qui affligent les entreprises familiales.

LES PERSONNES EN CAUSE

Faites des photocopies de la grille suivante ou utilisez des feuilles blanches séparées en deux colonnes. Vous en aurez besoin tout au long de ce chapitre.

　　　　　　　　Alain Samson

NOM	Zone

Vous allez maintenant remplir ce tableau en y intégrant les diverses catégories de personnes qui gravitent autour de l'entreprise et de la famille.

Les membres de la famille
Dans la première colonne de la grille, faites la liste de tous les membres vivants de 16 ans et plus de votre parenté impliqués dans l'entreprise. N'oubliez pas gendres et les brus.

Les actionnaires de l'entreprise
Nous appellerons désormais les propriétaires de l'entreprise des actionnaires, que celle-ci soit incorporée ou non. Inscrivez le nom de ces personnes qui possèdent l'entreprise en n'omettant pas les partenaires silencieux. Si vous avez déjà inscrit le nom d'un action-

naire à l'étape précédente, ne le répétez pas. En fait, vous ajoutez ici le nom des actionnaires qui ne font pas partie de la famille.

Les membres de l'équipe de direction

Inscrivez maintenant le nom des membres de l'équipe de direction, si ceux-ci n'ont pas encore été intégrés à votre liste. Selon la phase de l'entreprise (hébétement, développement, consolidation ou plafonnement), ce listage sera plus ou moins important.

Les employés clés

Les employés clés font souvent avancer l'entreprise. Leur départ infligerait à l'organisation un tort énorme. Ces employés clés pourraient un jour être promus dans des postes de direction ou au comité de gestion. Inscrivez dans votre grille le nom de ces employés clés.

Les directeurs

Si l'entreprise compte sur un comité de direction et que des administrateurs externes en font partie, inscrivez finalement leurs noms dans la grille.

LA CARTE DES INTERACTIONS

Jetez un coup d'œil au diagramme suivant et à son interprétation. Nous avons découpé le portrait de l'entreprise familiale en sept zones identifiées par les lettres a à g. Reprenez votre liste de noms et, pour chaque personne qui y est inscrite, notez la zone dans laquelle elle se situe.

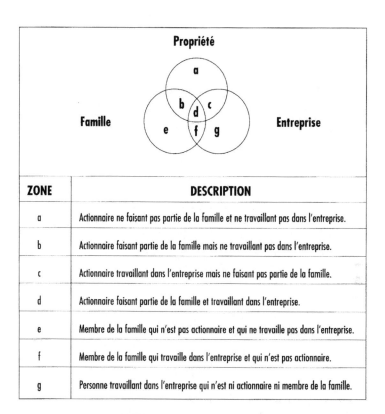

ZONE	DESCRIPTION
a	Actionnaire ne faisant pas partie de la famille et ne travaillant pas dans l'entreprise.
b	Actionnaire faisant partie de la famille mais ne travaillant pas dans l'entreprise.
c	Actionnaire travaillant dans l'entreprise mais ne faisant pas partie de la famille.
d	Actionnaire faisant partie de la famille et travaillant dans l'entreprise.
e	Membre de la famille qui n'est pas actionnaire et qui ne travaille pas dans l'entreprise.
f	Membre de la famille qui travaille dans l'entreprise et qui n'est pas actionnaire.
g	Personne travaillant dans l'entreprise qui n'est ni actionnaire ni membre de la famille.

À partir de votre grille, additionnez le nombre de personnes faisant partie de chaque zone et reportez ce chiffre dans le diagramme précédent. Par exemple, si l'entreprise compte 10 actionnaires qui ne font pas partie de la famille et qui ne travaillent pas dans l'entreprise, vous inscrirez le chiffre 10 dans la zone a. Le total des chiffres devra être égal au nombre de personnes figurant dans votre liste. Ce diagramme, une fois finalisé, constitue votre carte des interactions. Nous utiliserons cette carte pour comprendre comment naissent les conflits dans l'entreprise familiale.

Les intérêts égoïstes

Laissés à eux-mêmes et coupés des autres, les membres faisant partie d'une zone quelconque de la carte des interactions adoptent des points de vue égoïstes. Par exemple, si les acteurs de la zone a n'entrent jamais en contact avec les tours des zones b, c, d, e, f et g, ils se baseront sur leurs intérêts propres pour prendre des décisions. Les intérêts des gens de la zone a sont servis si des dividendes sont versés régulièrement.

Le problème est survenu lors du projet de modernisation de Pierre, le directeur général d'une usine de produits de plastique. La carte des interactions dans cette entreprise était la suivante.

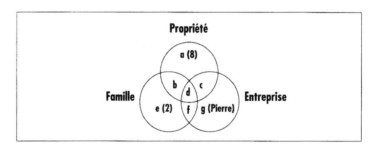

Les huit actionnaires ont évalué le projet en se demandant quel effet cet investissement aurait sur leurs dividendes annuels. Conscients que la modernisation nécessiterait le réinvestissement des profits et pourrait entraîner une diminution des dividendes de l'année en cours, ils ont préféré voter contre le projet d'investissement même si, à moyen terme, leur intérêt mettait l'entreprise en danger et du même coup, leurs dividendes éventuels. Laissés à eux-mêmes, les acteurs d'une zone

Alain Samson

deviennent myopes et ne songent qu'à leurs intérêts à court terme. Voici d'autres exemples.

Sans vraiment s'en rendre compte, des actionnaires sacrifient l'avenir de leurs entreprises pour toucher un dividende qu'ils considèrent comme un dû.

Des membres de la famille sont prêts à sacrifier l'entreprise pour ne pas renoncer aux avantages qu'ils en tirent.

Des gestionnaires veulent réinvestir dans l'organisation sans tenir compte des attentes des actionnaires ou des membres de la famille qui ne s'occupent pas de la gestion courante.

Un propriétaire-dirigeant est tellement avide de pouvoir et fier de son statut dans la communauté qu'il en oublie qu'il est mortel et qu'il devra penser à la relève un jour.

Un membre de la direction qui ne fait pas partie de la famille rend difficile l'arrivée d'un enfant dans l'entreprise pour éviter que celui-ci lui ravisse son poste.

Les comportements égoïstes naissent de l'ignorance : ignorance de sa place dans l'entreprise, ignorance de la mission de l'entreprise et ignorance des interactions entre la famille, l'actionnariat et l'entreprise. Les personnes qui n'ont pas encore pris conscience des répercussions de leurs décisions sur l'avenir de l'entreprise doivent être sensibilisées. Il est primordial que les décisions ne soient pas prises à courte vue.

Pour éviter que des conflits naissent et nuisent à l'ensemble de l'entreprise, deux éléments sont nécessaires : la communication et la formation. Les acteurs doivent avoir un portrait de l'ensemble de l'entreprise au lieu de ne voir que leur seule zone et ils doivent connaître leurs droits et responsabilités. Les mécanismes utiles à cet égard constitueront l'essentiel des chapitres 4, 5 et 6.

Il arrive également que les acteurs n'aient pas conscience de leur place dans l'organisation et qu'ils agissent comme s'ils se trouvaient dans une autre zone de la carte des interactions. Voici deux exemples.

Diane est actionnaire de l'entreprise (elle se trouve dans la zone a) et s'imagine que son rôle lui donne pleine autorité sur les employés. Il n'est donc pas rare qu'elle donne des ordres aux employés, comme si elle faisait partie de l'équipe de direction (zones c, d, f et g).

Réjean travaille dans l'entreprise de son beau-père (il se trouve donc dans la zone f). Hier, il a engueulé un des vendeurs et ce dernier, piqué au vif, a remis sa démission. L'entreprise vient de perdre un bon employé parce que Réjean s'est pris pour un actionnaire (zone d) et s'est permis de jouer les patrons en furie.

Le chapeau de chacun

Beaucoup de membres d'une entreprise familiale risquent de souffrir d'un dédoublement de la personnalité. La personne qui se trouve dans la zone d, par exemple, est à la fois un être humain, un actionnaire,

Alain Samson

un membre de la famille et un dirigeant de l'entreprise. Comment peut-elle jouer tous ces rôles ? Si elle en privilégie un seul, les autres seront négligés.

La personne qui joue à fond son rôle d'employé, par exemple, risque de passer de nombreuses heures au travail, négligeant ainsi sa santé (son rôle d'être humain). Elle risque aussi d'oublier de préparer l'avenir (négligeant ainsi son rôle d'actionnaire). Finalement, elle court le risque de froisser les membres de sa famille (négligeant son rôle de membre de la famille) dans ses interactions avec eux. Voyons deux exemples qui prouvent qu'il est possible jongler avec plusieurs rôles dans une entreprise familiale.

Magalie : «Je suis VP à l'administration et ma sœur est VP aux opérations. Je la connais bien. Je sais ce qui peut la faire exploser et elle sait aussi ce qui me touche. Si je dois lui parler des erreurs qu'a commises son équipe, je commence par lui dire clairement le rôle que je vais jouer : "Michelle, je vais maintenant mettre mon chapeau de VP et je vais m'adresser à la VP qui est en toi. J'ai constaté que..." Cette façon de faire évite qu'une d'entre nous boude l'autre en dehors des heures de travail. Nous pouvons donc nous dire nos quatre vérités chaque fois que notre rôle l'exige.»

Serge : «J'utilise l'analogie des chapeaux pour mieux comprendre mon interlocuteur. Si ce qu'il me dit est incompréhensible, je commence par me demander quel chapeau il porte et, mentalement, je prends aussitôt le même chapeau. C'est souvent suffisant pour que je comprenne mieux les motivations de l'autre et ce qu'il tente de me dire. Je suis alors mieux en mesure de réagir.»

Tentez de situer la position des gens avec qui vous interagissez. Ne perdez jamais de vue que la zone où ils se trouvent dans la carte des interactions influence leurs perceptions et leurs réactions. Le simple fait de comprendre cette dynamique vous rendra plus compréhensif et plus apte à faire passer vos points de vue. Il suffit souvent de vous adresser au personnage que joue actuellement votre vis-à-vis pour être plus convaincant et pour paraître plus agréable.

Il faut retenir de ce chapitre que chacun voit et comprend le monde à partir de l'endroit où il se trouve. Il est normal que celui qui se situe sur une montagne voie plus loin que ceux qui se trouvent dans les marais. En favorisant l'échange des points de vue, vous vous assurez de faire grimper les autres au sommet de la montagne, là où ils seront en mesure de prendre de meilleures décisions parce qu'ils jouiront d'une vue d'ensemble.

Qu'en est-il de vous actuellement? Cet exercice vous a-t-il aidé à vous élever et à mieux comprendre ce qui se passe autour de vous? Des conflits antérieurs vous sont-ils revenus en mémoire? Vous sentez-vous capable de participer au prochain party de famille, à la prochaine réunion du comité de direction ou à la prochaine assemblée générale des actionnaires?

Vous avez maintenant deux outils précieux en main : vous savez dans quel type d'entreprise familiale vous vous trouvez et vous avez la carte des interactions ayant cours dans cette entreprise. Vous serez bientôt prêt à suggérer d'importantes modifications dans la gestion de l'organisation mais, tout d'abord, vous devez reconnaître les problèmes de la Famille inc.

Chapitre 3

Les problèmes familiaux contaminent l'entreprise

Se pourrait-il que les comportements appris pendant la petite enfance se perpétuent jusqu'à ce qu'on arrive dans l'entreprise familiale? Se pourrait-il qu'on fasse fausse route en tentant de gérer l'entreprise comme s'il s'agissait d'une grande famille? À ces deux questions, il faut répondre par l'affirmative. Quand on aborde le délicat sujet des relations entre l'entreprise et la famille, trois philosophies se distinguent.

1. *La famille est là pour servir l'entreprise.* Cette philosophie a souvent cours dans les entreprises en démarrage, quand les propriétaires-dirigeants font passer l'entreprise avant les individus qui y travaillent. On dira par exemple aux enfants qu'ils doivent travailler à salaire réduit mais qu'ils recevront le fruit de leur labeur quand l'entreprise leur reviendra. Cette philosophie peut entraîner du ressentiment si un enfant ne s'intègre pas à l'entreprise ou si celle-ci est vendue avant de passer à la génération subséquente.

2. *L'entreprise est là pour servir la famille.* Ceux qui adhèrent à came philosophie ont souvent grandi dans

une jeune famille (type JP) dont les parents se souciaient peu d'enseigner à leurs enfants la valeur de l'argent ou le respect des autres. C'est une approche dangereuse parce que, une fois aux commandes, ces gens saigneront l'organisation sans trop se soucier de sa capacité de survivre.

3. *Afin de prospérer, l'entreprise et la famille doivent travailler de concert.* Il s'agit évidemment de la philosophie à adopter. Cette approche admet que les intérêts de la famille et de l'entreprise peuvent quelquefois diverger, mais elle fait en sorte de minimiser ces divergences sans nier les intérêts des groupes en place. C'est l'approche que nous vous proposons dans tous les guides de la collection Grands Défis.

Ce chapitre vous présente ce qui se passe quand l'entreprise est gérée comme s'il s'agissait d'une famille, puis il expose les conséquences des conflits familiaux quand ils sont importés dans l'organisation.

L'ENTREPRISE GÉRÉE COMME UNE FAMILLE

Si on s'entête à gérer une entreprise comme si c'était une famille, l'entreprise familiale devient rapidement dysfonctionnelle. Pour éviter cet écueil, il faut apprendre à changer de rôle. Quand un membre de la famille travaille, il devient un employé. Quand un père de famille arrive dans l'entreprise qu'il gère, il devient un patron, que ses employés fassent ou non partie de la famille. Constatons ce qui se produit quand les acteurs oublient de changer de rôle en pénétrant dans («enceinte de l'entreprise familiale.

Alain Samson

Commençons par **l'appartenance au groupe**. Dans une famille, un nouveau-né fait automatiquement partie du groupe. Avant de le sortir de la pouponnière, on ne lui demandera pas de faire la preuve de ses compétences comme membre de la famille!

L'adhésion à une entreprise bien gérée n'est pas automatique. L'organisation doit s'assurer, avant de confier des tâches à un membre de la famille, qu'il sera en mesure de les accomplir. On évalue son CV et on décide, en se basant sur des tests et sur ses réalisations antérieures, de lui faire confiance ou non. Bref, on s'assure qu'il y a adéquation entre l'individu et le poste à pourvoir.

Dans une entreprise familiale dysfonctionnelle (nous utiliserons dorénavant cette expression pour décrire une entreprise familiale gérée comme s'il s'agissait d'une famille), le simple fait d'émettre le désir d'être intégré dans l'entreprise garantit un emploi à tout membre de la famille. Combien de vies et d'entreprises ont été ainsi sacrifiées par des parents qui croyaient bien faire en n'exigeant pas de leurs rejetons qu'ils acquièrent une formation pertinente avant de plonger dans le monde du travail! Combien de propriétaires-dirigeants se couchent le soir en pensant à un enfant-employé et en se disant que, s'il n'était pas de la famille, il y a longtemps qu'il aurait été mis a la porte!

Il y a aussi **le système de récompenses**. Dans une famille, les récompenses, souvent intangibles (amour, encouragements, etc.), sont distribuées non pas au mérite mais en fonction des besoins perçus par les parents. Ainsi, si un enfant semble découragé, on l'entourera davantage et on lui fera savoir qu'on le soutient.

Dans une entreprise bien gérée, les récompenses sont versées si les objectifs sont atteints. Dans ce cas, l'employé obtiendra un meilleur salaire, plus d'autorité, une promotion ou une plus grande autonomie. Rares sont les entreprises où un employé se verra attribuer une promotion si son rendement est médiocre.

Dans l'entreprise familiale dysfonctionnelle, les récompenses attribuées à l'enfant-employé ne sont pas en relation avec son rendement mais en fonction de ses besoins, tel que les perçoivent ses parents. L'augmentation de salaire accordé à l'enfant-employé qui vient d'avoir un bébé est un exemple éloquent. Quel beau message à communiquer aux autres enfants : si vous voulez une augmentation de salaire, ne travaillez pas plus ni mieux; faites plutôt des bébés!

Mentionnons également **le pouvoir de donner des ordres**. Dans une famille, les responsabilités fluctuent selon la situation et les besoins. C'est tantôt un qui impose son emploi du temps, tantôt l'autre. C'est un qui donne les ordres un matin [«Sors les poubelles»], mais c'est l'autre qui exige le soir [«Prête-moi la voiture»].

Dans une entreprise bien gérée, chaque employé a un seul patron et tout le monde sait qu'il existe, quelque part, un grand patron. En usine, par exemple, un employé n'aura qu'un contremaître. On évite ainsi l'envoi d'ordres contradictoires, ce qui entraînerait une diminution de la productivité.

Alain Samson

Dans l'entreprise familiale dysfonctionnelle, les membres de la famille se permettent de donner des ordres à n'importe qui, n'importe quand. Cela peut avoir au moins trois conséquences fâcheuses.

1. *Une baisse de la loyauté envers l'entreprise.* L'employé qui reçoit continuellement des ordres contradictoires perçoit que la direction ne sait pas où elle s'en va. Or, comme vous le verrez dans Comment attirer et conserver les meilleurs employés, une vision d'avenir est essentielle pour retenir ses meilleurs éléments.

2. *Une baisse de la productivité.* Les ordres donnés par un membre de la famille à des employés qui ne sont pas sous sa responsabilité nuiront le plus souvent à la productivité de l'entreprise.

3. *Les manœuvres politiques.* Les employés les plus débrouillards apprennent rapidement à qui ils doivent s'adresser pour obtenir un oui. Il leur est ensuite facile de dire : « Je l'ai demandé à Sylvie, et elle a dit oui... »

Le droit de donner des ordres n'est pas héréditaire, il ne se transmet pas par les gènes. H relève plutôt de **la définition des postes**.

Dans une famille, bien que les responsabilités fluctuent selon les situations, chacun a un titre clair : frère, sœur, beau-frère, mère, etc.

Dans une entreprise bien gérée, chacun a un rôle bien défini, rôle associé au poste qu'il occupe. Un livreur aurait des problèmes s'il décidait, un bon matin, d'occuper le poste de réceptionniste.

Dans l'entreprise familiale dysfonctionnelle, le poste des membres de la famille n'est pas défini, si bien qu'ils changent d'affectation au gré de leurs désirs. Par conséquent, comme personne n'est vraiment responsable de rien, nul ne peut être pointé du doigt si une erreur est commise ou si les objectifs ne sont pas atteints.

Qu'en est-il maintenant de **la planification de la relève**? Dans une famille, personne ne s'attend à ce que des enfants remplacent leurs parents décédés. Le garçon qui, à la suite du décès du père, annoncerait son intention de prendre la place du défunt se ferait rapidement remettre à sa place!

Dans une entreprise bien gérée, on sait que l'équipe de direction vieillit et qu'il faudra éventuellement la remplacer. Il en va de la survie de l'organisation. C'est pourquoi on mettra en place un programme de continuité et que des gestionnaires seront formés pour remplacer ceux qui quitteront éventuellement le navire.

Dans une entreprise familiale dysfonctionnelle, on préfère ne pas penser à cette éventualité. En fait, selon Ivan Lansberg, il existe même une conspiration interdisant aux membres de la famille de soulever l'hypothèse du décès des propriétaires-dirigeants! Le décès est tellement hypothétique, en fait, qu'un agent d'assurances m'expliquait même récemment qu'un client entrepreneur avait amorcé la consultation en disant : «En supposant que je meure un jour... »

Alain Samson

Selon Lansberg, lorsqu'une telle conspiration existe, il y a un prix à payer pour celui qui ose soulever cette éventualité.

S'il s'agit d'un enfant, d'un gendre ou d'une bru, il est rapidement accusé de cupidité par le reste du groupe qui voudra immédiatement mettre de côté «prophète de malheur». Il comprend rapidement que, pour être apprécié dans sa famille, il ne devra pas revenir sur ce sujet.

S'il s'agit du propriétaire-dirigeant, on suppose qu'il a senti les signes avant-coureurs d'un problème de santé. En conséquence, on insistera pour qu'il se repose et il n'osera plus aborder le sujet.

S'il s'agit du conjoint du propriétaire-dirigeant, on se dira qu'il s'est trouvé un amant ou une maîtresse et qu'il a hâte d'encaisser son dû. Il sera également encouragé à se taire.

Quand le décès du propriétaire-dirigeant dans une entreprise familiale dysfonctionnelle survient, les enfants sont peu enclins à lui choisir un successeur et préféreront souvent continuer à travailler comme si le dirigeant était encore de ce monde. L'entreprise prend alors les allures d'un bateau qui n'a plus de capitaine.

Le thème de la relève est tellement important que nous lui avons consacré un livre : *La fameuse relève*. Retenez pour l'instant que nous sommes tous mortels et que les enjeux sont trop importants pour balayer cette fatalité sous le tapis.

LA NATURE DES PROBLÈMES

Il arrive que des problèmes familiaux qui n'ont jamais été réglés resurgissent dans l'entreprise familiale. Selon Quentin Fleming, qui a écrit un passionnant ouvrage sur le sujet (Keep the Family Baggage out of the Family Business), si les problèmes familiaux ne sont pas réglés, ils finiront par contaminer l'entreprise familiale. Fleming décrit nombre de problèmes familiaux dans son livre, dont les 11 présentés dans cette section.

L'effet boomerang

Il y a toujours un prix à payer pour les erreurs que les parents commettent dans l'éducation de leurs jeunes enfants. Si les problèmes ne refont pas surface pendant l'adolescence, ils jailliront quand le jeune adulte sera intégré à l'entreprise. Nous avons déjà traité des dangers que courent les parents qui n'ont pas appris à leurs enfants le respect ou la valeur de l'argent. Mais il y a plus.

Lyne est une jeune fille intelligente. Elle a depuis longtemps compris que, si ses parents lui refusent un caprice, elle n'a qu'à bouder pendant quelques jours pour qu'ils finissent par craquer. C'est ainsi qu'elle a obtenu, après quatre jours de bouderie et de pleurs très audibles, la permission d'assister à un spectacle rock à 100 $ le billet. Bravo, Lyne!

Samuel est tout aussi intelligent, mais il s'y prend autrement. Vers cinq ans, il menaçait de retenir son souffle et il finissait par obtenir ce qu'il voulait. Au début de l'adolescence, il s'est mis à entretenir à voix haute des pensées suicidaires quand on lui refusait un caprice.

Qu'est-ce que ce sera une fois que Lyne et Samuel seront dans l'entreprise? Si leurs décisions sont rejetées, Lyne boudera et Samuel menacera de se suicider. Les affaires courantes seront négligées, l'ensemble du personnel marchera sur des œufs [«Ne parle pas à Lyne : elle boude aujourd'hui»] et l'entreprise sera mal gérée.

Évidemment, l'effet boomerang peut se faire sentir autrement.

Que se passera-t-il avec l'enfant gâté que les parents ont couvert de cadeaux afin de compenser leurs absences trop fréquentes? Cet enfant a grandi en pensant que tout lui était dû. Dès son arrivée dans l'entreprise, il passera pour arrogant et se mettra les employés à dos. Croyez-vous qu'il pourra apporter quelque chose à l'entreprise? Non. Dans le meilleur des cas, il vaudra mieux le payer pour qu'il reste à la maison.

Qu'adviendra-t-il de l'enfant qui a été surprotégé? Celui que les parents n'ont jamais grondé en dépit de ses performances scolaires affligeantes? Celui qui pouvait manquer l'école parce qu'il avait peur d'un enfant de son âge? Une fois qu'il travaillera dans l'entreprise, ses parents n'oseront pas lui faire face s'il commet une erreur; de toute manière, il n'a jamais pu accepter les critiques, quelles qu'elles soient. Ils se contenteront de camoufler ses mauvais coups en espérant qu'il n'en fasse pas trop.

Et que dire de la fille à qui on a fait comprendre que sa place était à la maison ou du garçon qui doit plier l'échine devant le principe de la priorité de naissance? L'enfant à qui on annonce qu'il ne pourra prendre les rênes de l'entreprise parce que cela revient à l'aîné ou à un mâle risque de se révolter ou de réduire ses attentes et, conséquemment, ses efforts. Dans les deux cas, l'entreprise se prive d'une ressource qui aurait pu l'aider à prospérer. De quoi auront l'air les parents si le mâle né en premier agit en parfait idiot et conduit l'entreprise à la faillite?

Avis aux parents : la préparation de la relève commence au berceau. Si vous ne jouez pas bien votre rôle, ne vous imaginez pas que vous pourrez vous reprendre plus tard, c'est une illusion.

L'harmonie factice
Dans certaines familles, le droit à la dissidence n'existe tout simplement pas. Si un parent prend une décision, les personnes en désaccord doivent ronger leur frein. Si une chicane survient entre les enfants et que le ton monte, un des parents exige le silence à l'aide d'un de ces clichés : «La chicane, c'est pas beau» ou «Accordez-vous donc, c'est tellement beau l'accordéon...»

Une fois dans l'entreprise, l'enfant ne s'opposera pas plus devant une décision discutable ni ne fera valoir son point de vue; il n'aura pas appris ce comportement. Il continuera à faire primer une harmonie factice qui ne peut être que dommageable pour l'entreprise. Nous traitons de la gestion des conflits dans le cinquième guide de cette collection (Le travail d'équipe : le susciter, l'améliorer). Rappelez-vous pour l'instant que les bonnes habitudes se prennent tôt. Encouragez vos enfants à remettre vos décisions en question s'ils le jugent à propos et favorisez chez eux le développe-

Alain Samson

ment de saines habitudes en matière de gestion des conflits.

L'importation de la hiérarchie familiale dans l'entreprise

Dans beaucoup de familles, la hiérarchie est simple. Les parents se situent en haut de la pyramide et les enfants suivent, selon leur ordre de naissance. Les mâles se voient souvent confier des tâches masculines (tondre le gazon, déneiger l'entrée, etc.), tandis que les filles contribuent aux tâches ménagères. Quand cette hiérarchie est transplantée dans l'entreprise familiale, elle donne lieu à une série de problèmes.

Par exemple, dans la course aux postes de direction, les plus jeunes sont désavantagés. Beaucoup d'aînés refuseraient de répondre aux ordres d'un plu jeune, même si ce dernier est plus compétent ou mieux formé. De toute façon, comme il entre au service de l'entreprise plus tard, les emplois les plus prestigieux sont souvent déjà occupés. C'est d'autant plus vrai s'il a pris le temps d'obtenir un diplôme universitaire.

De la même manière, on gardera les postes de secrétaire ou de réceptionniste pour les filles et on réservera les postes de directeur, de contremaître ou de livreur aux garçons. Dans tous les cas, on prive l'entreprise du rendement qu'elle retirerait si les enfants se voyaient confier des postes qui correspondent à leurs champs d'intérêt et à leurs capacités, sans compter qu'il est toujours dommageable pour une entreprise d'avoir les mauvaises ressources aux mauvais endroits.

L'équité à tout prix

Il arrive que, pour ne pas donner l'impression d'avoir des chouchous parmi les enfants, les parents-dirigeants les traitent sur un pied d'égalité. Voyons trois exemples.

Dans leur testament, les parents de Claire ont tout laissé à parts égales à leurs trois enfants. Claire explique : «Je suis la seule à travailler dans l'entreprise. Je dois maintenant supporter les interventions de mes deux frères, ce qui n'est pas toujours facile. De plus, les placements immobiliers que j'ai reçus en héritage ne m'intéressent pas. Il aurait été bien plus simple que j'hérite de l'entreprise et que mes frères héritent des immeubles et des placements.»

> Richard : «Dans notre entreprise, les enfants portent tous le titre de vice-président. En réalité, nous ne prenons aucune décision relevant d'un vice-président et nous n'avons pas des responsabilités comparables.»

> Isabelle : «Nous recevons tous le même salaire, peu importe notre rendement ou le poste occupé. C'est assez décourageant quand je vois un de mes frères entrer au travail en retard, se traîner les pieds toute la journée et ne jamais travailler la fin de semaine...»

Dans ces trois cas, les parents étaient bien intentionnés. Mais est-ce réellement aimer ses enfants que de leur réserver ce traitement égal, sans égard à leur participation dans l'entreprise ou sans tenir compte des répercussions à long terme de ce souci d'équité?

Alain Samson

L'infantilisation

Nos enfants resteront toujours nos enfants, mais ce n'est pas une raison pour refuser de constater qu'ils grandissent! Voyons quelques commentaires d'enfants encore traités comme des bébés.

Roger : «La semaine dernière, j'ai suggéré à mon père de l'accompagner à la foire annuelle de Toronto. Il m'a répondu que ce n'était pas possible cette fois, mais qu'il y penserait pour l'an prochain, quand j'aurai plus d'expérience. J'ai 36 ans, je suis dans l'entreprise depuis 14 ans! Attend-il que je prenne ma retraite avant de m'impliquer davantage dans la gestion?»

Lysianne : «Quand je m'adresse à mon père, il agit comme si c'était une enfant de six ans qui venait l'interrompre. Il m'écoute en souriant, puis il se remet au travail. Il ne conteste pas ce que je dis, mais il ne l'endosse pas non plus! Je songe de plus en plus à aller travailler ailleurs.»

Si vous avez tendance à minimiser le potentiel de vos enfants parce que vous les imaginez encore immatures, les trois prochains chapitres vous seront très utiles. Espérons seulement que votre progéniture ne quittera pas l'entreprise avant que vous ayez pris conscience de ses capacités.

La culpabilité

Il n'est pas rare que la culpabilité soit utilisée à la maison pour modeler le comportement des enfants. La mère fera mine d'être chagrinée si elle n'apprécie pas le geste de son jeune enfant.

Une fois les enfants partis du nid, certains parents tentent même de les forcer à les visiter avec ce genre d'argument : «Venez donc manger. On a acheté tout ce qu'il faut. Il faut que vous mangiez de toute façon. Si vous avez autre chose de prévu, vous mangerez rapidement et repartirez. Ça nous ferait de la peine de jeter tout ça...»

Les comportements qui sont récompensés sont souvent répétés. Si les enfants ont plié devant leurs parents qui usaient de culpabilité, ils continueront à le faire quand il sera question de l'entreprise. Voyons quelques exemples.

> Marc : «Mon père m'a dit que l'entreprise avait été bâtie pour moi et que c'est pour moi qu'il avait investi autant de temps et d'efforts. Selon lui, je devrais avoir honte de songer à travailler ailleurs.»

> Jacinthe : «En gros, il m'a dit à peu près la même chose que le père de Marc, mais il a également ajouté que, si je refusais cette chance d'être intégrée à l'entreprise, je ne ferais plus partie de la famille. Ça va bientôt faire deux ans que nous ne nous sommes pas parlé.»

La conscription n'est pas une preuve d'amour. Si vous n'avez pas appris à cet enfant devenu grand à aimer l'entreprise, ne le blâmez pas de songer à aller voir ailleurs. Une personne peut hériter d'une entreprise sans avoir à la gérer. Elle fera alors partie de la zone b de la carte des interactions. Laissez votre enfant expérimenter autre chose s'il en a envie. Si vous ne brûlez

Alain Samson

pas les ponts, il vous reviendra peut-être, prêt à relever d'ambitieux défis.

De plus, avez-vous vraiment bâti cette entreprise pour vos descendants? Ne serait-ce pas plutôt pour vous prouver votre valeur ou pour ne plus avoir de patron que vous avez travaillé si fort?

Le déficit d'expérience des plus jeunes

Il y a une évidence : si le parent-dirigeant continue à travailler, l'enfant-employé n'aura jamais plus d'expérience que son prédécesseur. Est-ce à dire que l'opinion du plus jeune ne sera jamais prise en considération?

Si vous souhaitez vous retrouver entouré de leaders quand vous en aurez besoin, vous devez faire en sorte que ceux qui vous entourent développent leur leadership. Ce n'est pas en les bafouant que vous y arriverez. Le troisième guide de cette collection, Vos futurs leaders : les identifier, les former, donne d'excellents conseils à ce sujet.

Les vieilles rancunes

Certains enfants grandissent dans l'harmonie; d'autres, dans la chicane. Certaines personnes pardonnent avec le temps, tandis que d'autres n'y arrivent pas. Deux enfants qui ne se sont jamais entendus à la maison ne s'entendront pas plus dans l'entreprise. Si vous vous entêtez à les faire travailler ensemble, vous courez les risques suivants.

Il y a risque de sabotage. Quand un enfant souhaite diminuer le pouvoir relatif d'un frère ou d'une sœur dans l'entreprise, il peut saboter le travail.

Il y a risque d'une diminution de la productivité. Imaginez que vous confiez la production à votre fille et les ventes à votre fils. Que se passera-t-il s'ils ne se parlent pas parce qu'ils se gardent rancune depuis des années? Il est probable que des retards surviendront dans la production, ce qui fera en sorte que les commandes seront livrées en retard et que les clients seront mécontents. Tout ça à cause d'une bicyclette cassée il y a 15 ans!

Il y a risque de formation de clans dans l'entreprise. La plupart des employés se rangeront du côté d'un enfant ou de l'autre. Au bout du compte, c'est l'esprit d'équipe de toute la main-d'œuvre qui sera altéré. Nulle entreprise ne peut se permettre ce genre de division.

Cela ne veut pas dire que vous deviez offrir un poste à un enfant et indiquer à l'autre la porte de sortie. Vous pourriez par exemple leur assigner des tâches qui ne les obligent pas à interagir. De nombreux détaillants ont profité des conflits de personnalités au sein de leur famille pour ouvrir une succursale éloignée du magasin principal. Les relations familiales s'en sont trouvées améliorées!

L'arrivée des brus, des gendres

L'arrivée de nouveaux membres dans la famille, quand les enfants s'adjoignent un partenaire de vie, bouleverse l'équilibre familial. Pour les parents, le gendre et la bru sont souvent perçus comme des prédateurs

Alain Samson

qui leur ont ravi leurs enfants chéris. Si aucune place n'est faite aux nouveaux arrivants, l'entreprise risque de ressentir certains contrecoups. Voyons quelques exemples.

Margaret : «Notre fils devait remplacer son père à la tête de l'entreprise. Tout allait bien jusqu'à ce qu'il s'amourache d'Élise. Nous avons tenté de lui faire comprendre que ce n'était pas une fille pour lui, mais elle a fini par gagner. Il a quitté l'entreprise et ils ont déménagé à Princeville. Nous les voyons quand même à l'occasion.»

Bruno : «Mon nouveau gendre a mené une petite enquête et s'est rendu compte que notre fille était sous-payée par rapport au marché. Nous avons bien tenté de lui faire comprendre que notre fille hériterait de l'entreprise un jour, mais ça n'a pas été suffisant. Elle travaille maintenant pour une firme de Montréal. C'est notre gendre qui lui a déniché ce poste.»

Ces anecdotes plaident en faveur d'une attitude positive par rapport à l'arrivée d'un nouveau membre dans la famille. Il ne faut pas se le mettre à dos ni le priver de l'information dont il aura besoin pour se sentir intégré à sa nouvelle collectivité.

«Papa a une nouvelle petite amie (avec qui je suis allé à l'école!)»

L'arrivée d'une nouvelle conjointe pour papa peut également perturber l'équilibre familial. Les préoccupations sont alors nombreuses. Pourquoi est-elle avec lui? Veut-elle mettre la main sur l'héritage? Est-elle une Anna Nicole Smith en puissance? Va-t-il modifier son testament? Il en va de même pour le nouvel amour de maman.

Sans l'existence d'un conseil de famille fort, le climat dans l'entreprise se détériorera. Les gens ont besoin de savoir s'il s'agit d'une lubie passagère ou s'il faut maintenant intégrer la nouvelle flamme dans l'entreprise. Tant que la lumière ne sera pas faite, il y aura péril en la demeure.

L'idéalisation
Il est normal d'être fier de ses enfants. Mais, tout comme il nous est difficile d'accepter nos défauts, il peut être difficile de percevoir nos enfants tels qu'ils sont réellement, sans leur accoler des étiquettes superlatives.

Certains enfants se rendront compte que leurs parents en mettent un peu trop. Ils seront capables de reconnaître leurs faiblesses et parviendront à grandir de manière équilibrée malgré l'enthousiasme de leur fan-club parental.

D'autres enfants finiront par croire qu'ils sont effectivement les meilleurs, les plus beaux, les plus sages ou les plus intelligents. Que se passera-t-il quand ces «êtres supérieurs» feront leur entrée dans l'entreprise? Il y a fort à parier qu'ils seront rapidement rejetés par les ressources en place. Les têtes enflées n'ont pas la cote dans les entreprises et on en vient rapidement à les ignorer. Pire encore, les employés n'hésiteront pas à leur mettre des bâtons dans les roues pour faire ressortir leurs faiblesses.

Alain Samson

Que penseriez-vous d'un coach qui se contenterait de féliciter ses joueurs sans leur révéler leurs points à améliorer ou sans leur indiquer comment mieux travailler ensemble? Miseriez-vous sur cette équipe? Il est probable que non. Le bon entraîneur n'endort pas ses joueurs en les flattant dans le sens du poil. Il leur indique plutôt comment améliorer leur performance et s'avère souvent impitoyable tarit qu'ils ne se sont pas améliorés.

En tant que parent-dirigeant, vous êtes le coach de vos enfants. Les endormirez-vous en leur racontant que leur performance est exceptionnelle ou leur direz-vous plutôt ce qu'il en est? La réponse vous appartient.

Les problèmes familiaux ne devraient pas polluer la gestion courante de l'entreprise. Le conseil de famille, bien qu'il ne soit pas toujours une nécessité, peut vous aider à régler une bonne partie des problèmes familiaux sans nuire à l'entreprise.

Chapitre 4

Comme on est bien la tête dans le sable!

Il est surprenant de constater à quel point les travers des voisins nous sautent aux yeux et que nos propres travers nous semblent souvent bien difficiles à percevoir. Dans ce chapitre, vous êtes invité à devenir consultant et à conseiller les dirigeants de trois entreprises familiales qui n'ont pas le sentiment d'avoir besoin d'aide.

Pour chaque cas, vous suivrez la même démarche. Dans un premier temps, vous lirez une courte présentation de l'entreprise, puis, armé du tableau diagnostique de la page suivante et des concepts présentés dans les trois premiers chapitres de ce livre, vous tenterez de découvrir les dangers qui guettent l'entreprise et l'origine de ces dangers. Une fois votre travail terminé, vous pourrez comparer vos réponses à celles que nous vous proposons.

Ne vous en faites pas si vos réponses et les nôtres divergent. Puisque la mise en situation est brève et que vous ne pouvez pas rencontrer les personnes concernées, vos réponses seront sans doute aussi valables que les nôtres.

Au fil de ce chapitre, vous prendrez conscience du fait que les entreprises familiales ont besoin d'outils pour régler leurs problèmes particuliers. Ces outils feront l'objet des prochains chapitres.

TABLEAU DIAGNOSTIQUE

I. La carte des interactions

Propriété

Famille · Entreprise

II. Les causes possibles

Les problèmes familiaux au travail

1. L'effet boomerang
2. L'harmonie factice
3. L'importation de la hiérarchie familiale dans l'entreprise
4. L'équité à tout prix
5. L'infantilisation
6. La culpabilité
7. Le déficit d'expérience des plus jeunes
8. Les vieilles rancunes
9. L'arrivées des brus, des gendres
10. Papa a une nouvelle petite amie (et je suis allé à l'école avec elle!)
11. L'idéalisation

Alain Samson

La quincaillerie Dupré

C'est avec une fierté non dissimulée que monsieur Dupré, votre quincaillier de quartier, vous annonce que son fils François a maintenant son propre magasin dans la région d'Amos. Monsieur Dupré lui a en effet acheté un commerce qui risquait d'être liquidé à cause du manque de relève et, depuis trois semaines, François est à son compte là-bas, à 900 kilomètres de l'entreprise de son père.

Monsieur Dupré vous confie que son entreprise a tout financé. Il croit fermement que son fils sera millionnaire dans une dizaine d'années. «Il a le commerce dans le sang, vous dit-il en souriant. Il n'a que 28 ans et il est déjà à la tête d'une bonne entreprise.»

Un peu plus tard, en parlant avec le responsable du rayon de la plomberie, vous en apprenez davantage sur la transaction. Il y a 12 mois de cela, François a fait son entrée dans l'entreprise. Les altercations père-fils sont apparues dès que François a proposé certaines modifications concernant le mode de rémunération des employés, les heures d'ouverture et l'organisation des entrepôts. Il était visible que le fils voulait faire sa marque, mais le père n'avait pas plus envie de l'écouter que de prendre sa retraite.

Vous demandez finalement à l'employé du rayon de la plomberie de vous trouver le clapet dont vous avez besoin. Il se montre désolé : cet article n'est pas en stock, il faut le commander. «Il a fallu combler les tablettes du commerce d'Amos, vous informe-t-il, et nous n'avons pas encore repris le dessus. Je pourrais vous avoir la pièce mercredi. Elle coûte 8,25 $. »

Vous confirmez votre commande et quittez les lieux en remarquant qu'effectivement les tablettes semblent bien dégarnies. Près de la sortie, vous croisez monsieur Dupré qui vous sourit à pleines dents. Il y a longtemps que vous ne l'avez pas vu d'aussi bonne humeur. Il vous paraît même avoir rajeuni.

Répondez maintenant aux questions suivantes :

De quel type d'entreprise familiale (lettre-chiffre-lettre) s'agit-il probablement ?

Entreprise	Propriété	Famille
H : phase de l'hébétement	1 : un individu ou un couple	JP : jeunes parents
D : phase du développement	2 : deux ou plusieurs enfants d'une même famille	EAA : enfants d'âge adulte
C : phase de la consolidation	3 : membres de la famille élargie et autres actionnaires	E : ensemble
P : phase du plafonnement		R : relève

Y a-t-il un problème à l'origine de la décision récente de monsieur Dupré ?

Qui a eu, selon vous, l'idée de cette aventure à Amos ?

Quelles suggestions auriez-vous faites à monsieur Dupré et à François avant l'achat du commerce ?

Alain Samson

DIAGNOSTIC

Il s'agissait probablement, avant l'achat du magasin d'Amos, d'une entreprise familiale de type Cl E ou de type Pl E. Nous ne pouvons pas savoir si l'entreprise était en phase de consolidation ou de plafonnement, mais nous pouvons supposer que monsieur Dupré la contrôlait majoritairement. Son fils et lui en étaient à l'étape de travailler ensemble quand la grande décision a été prise.

C'est cette cohabitation qui semble à l'origine de la décision. À l'arrivée du fils dans l'entreprise (alors qu'elle était de type Cl A ou MA), tout semblait marcher comme sur des roulettes. Au moment où François a voulu faire ses preuves, la situation s'est détériorée. Deux choses peuvent s'être produites.

Il est possible que monsieur Dupré ait réalisé, à force de travailler avec François, que ce dernier, impatient de prendre les commandes de l'entreprise, constituait une menace. Il a peut-être voulu éloigner son fils en lui proposant un défi d'envergure au lieu de simplement mettre les choses au clair avec lui. Dans ce cas, la source du problème serait à la fois l'harmonie factice et le déficit d'expérience du plus jeune.

Il est également possible que François, constatant que ses idées resteraient lettre morte, ait voulu relever d'autres défis ailleurs.

L'achat de la quincaillerie d'Amos, peu importe ce qui l'a motivé, était une décision risquée pour tout le monde. François n'a pas nécessairement acquis assez d'expérience pour relancer cette entreprise et, s'il échoue, il aura de la difficulté à se regagner une place dans l'entreprise.

Pendant ce temps, les stocks du commerce existant sont manifestement insuffisants. La quincaillerie de monsieur Dupré risque de perdre des clients si elle n'arrive plus à leur offrir — sur-le-champ — les produits dont ils ont besoin.

Les recommandations suivantes auraient pu faciliter la cohabitation père-fils dans l'entreprise si elles avaient été appliquées il y a quelques années.

L'adoption de règles encadrant l'arrivée de l'enfant dans l'entreprise. Dans ce cas-ci, l'obligation d'acquérir une formation et une expérience dans d'autres milieux de travail aurait permis à François d'arriver mieux préparé dans l'entreprise familiale.

Une formation en résolution de conflits. Il était possible pour monsieur Dupré de faire savoir à son fils que ses suggestions à répétition l'irritaient. Ils auraient pu trouver une meilleure façon de travailler ensemble.

L'ouverture aux idées nouvelles. Les idées de François avaient peut-être du sens. Si monsieur Dupré ne s'était pas senti attaqué, il aurait pu les analyser avec plus de rigueur.

Chose certaine, on ne lance pas son enfant en affaires pour s'en débarrasser. Cette décision n'était justement pas une décision d'affaires. Monsieur Dupré a commis une erreur, et ce sont toutes les personnes impliquées

Alain Samson

(lui-même, François, les employés de la quincaillerie, les clients, etc.) qui en font les frais.

L'imprimerie Tremblay

Il y a maintenant deux ans que Diane, Félix et Jérôme, sœur et frères, ont lancé leur imprimerie commerciale. Les premiers temps n'ont pas été faciles mais, depuis quatre ou cinq mois, l'entreprise va bien. Curieusement, Diane vous dirait que les véritables problèmes ont commencé quand l'entreprise est devenue rentable.

Depuis ce moment, Félix suggère chaque jour que les associés se versent de meilleurs salaires; Jérôme, qui ambitionne de développer le marché de l'impression couleur de qualité à faible tirage, voudrait plutôt investir les profits dans l'achat d'équipements plus performants. Étant donné leurs divergences d'opinions, les frères ne se parlent plus. Quand ils doivent absolument s'échanger de l'information, ils le font par l'entremise de Diane. C'est à qui cédera le premier.

Remarquez que les frères n'en sont pas à leur premier désaccord et ont toujours pu compter sur leur sœur pour rétablir les ponts. En effet, dès la petite enfance, quand une chicane éclatait entre Félix et Jérôme, Diane jouait les médiateurs jusqu'à ce que l'harmonie revienne. Le problème, c'est que l'entreprise est fragile et qu'une guerre ouverte entre les associés risque fort d'entraîner sa perte. Diane songe de plus en plus à quitter l'imprimerie pour fuir le climat malsain qui y règne maintenant.

Répondez maintenant aux questions suivantes :

De quel type d'entreprise familiale s'agit-il ?

Quelle est la source du problème ?

Que suggéreriez-vous aux associés ?

DIAGNOSTIC

Cette entreprise vient tout juste de quitter la phase de l'hébétement. Elle se trouve au début de la phase D, celle du développement. Elle appartient à deux frères et une sœur et rien n'indique que les enfants de Diane, de Félix ou de Jérôme travaillent dans l'entreprise. On peut donc supposer qu'il s'agit d'une entreprise de type D2JP.

L'effet boomerang constitue le problème principal. Les associés reproduisent les comportements qu'ils avaient quand ils étaient jeunes. La différence ? Les chicanes enfantines ne risquaient pas d'entraîner une entreprise à sa perte et de réduire du même coup les économies de trois adultes intelligents. Diane, Félix et Jérôme font maintenant face à trois défis.

Se comporter en actionnaires responsables. Ces associés devraient parfaire leurs connaissances d'abord pour rester en affaires, mais aussi pour bien évaluer le marché afin d'assurer l'avenir de l'imprimerie.

Apprendre à mieux gérer les conflits. Reproduire un comportement puéril chaque fois que survient un désaccord n'est plus une option.

Alain Samson

Préciser le rôle de chacun au travail. La formation d'un conseil de direction qui tiendrait, à intervalles réguliers, des rencontres pour traiter de la gestion quotidienne de l'organisation favoriserait l'établissement des rôles.

L'usine d'extrusion Langlois

C'est la première fois que vous visitez cette importante usine spécialisée dans la fabrication de pièces d'automobile. Le président et unique actionnaire de l'entreprise, un homme d'affaires approchant la retraite, vous a demandé d'évaluer lequel de ses enfants pourrait le mieux prendre la relève d'ici quelques années. Il se dit prêt à investir le temps nécessaire pour lui apprendre à gérer l'entreprise.

Francine, l'aînée, travaille à la comptabilité depuis maintenant 15 ans. Elle est à la tête du service de la paie et s'occupe du crédit. Elle n'a pas son pareil pour faire payer les clients qui tardent à régler leur facture.

Il y a maintenant 14 ans que Gilles travaille à l'expédition. En bon employé, il est ponctuel et il est toujours prêt à travailler des heures supplémentaires. Il se voit prendre les rênes de l'usine parce qu'il est un homme et parce qu'il trouverait très curieux que cette entreprise soit gérée par une femme. Polyvalent, il lui arrive même d'effectuer la vidange d'huile des camions.

Sylvie, la cadette, travaille dans l'entreprise depuis 10 ans. Elle est représentante commerciale et, parce que son territoire est très étendu, il lui arrive fréquemment de s'absenter de l'entreprise pendant cinq ou six jours. Elle connaît très bien les clients et elle a à cœur d'entretenir de bonnes relations avec eux. Elle craint cependant que son jeune âge — elle aura bientôt 32 ans — ne nuise à ses chances d'accéder à la présidence.

Cette usine est en bonne santé financière. La croissance des ventes a quelque peu ralenti au cours des derniers exercices, mais il y a toujours une croissance. De plus, l'entreprise vient d'obtenir la certification ISO.

Ré'pondez aux questions suivantes :

De quel type d'entreprise familiale s'agit-il?

Quelle est la source du problème?

Qui devrait remplacer ce patron qui partira bientôt à la retraite?

Quels conseils donneriez-vous à chacun?

DIAGNOSTIC

Cette entreprise familiale est de type Cl EAA. Elle semble en effet en phase consolidation et le dirigeant actuel en est l'unique propriétaire.

À vos yeux, peut-être s'agissait-il d'une entreprise de type C1E, mais croyez-vous vraiment que père et enfants travaillent ensemble? Les sœurs et frère sont tous trois des exécutants qui n'ont probablement pas plus d'interactions avec le dirigeant que les autres employés. Ce n'est pas 15 années au service de la paye, 14 ans au service à l'expédition ou 10 ans aux ventes qui préparent un gestionnaire! Il faut à cette relève un programme de développement du leadership.

Parions que c'est la première fois que le dirigeant, sur le point de se retirer, songe à initier ses enfants au leadership et à la gestion. Le problème à la base de cette situation, c'est l'infantilisation. Ces enfants n'ont jamais été perçus comme des leaders potentiels. Si le paternel subissait un ACV demain matin, aucun d'entre eux ne pourrait assurer l'intérim, et l'entreprise serait fragilisée. Voici ce que vous pourriez proposer au dirigeant.

Élargir son bassin de candidats potentiels à la présidence. Les cadres, qui tondent actuellement le dirigeant, pourraient être pressentis pour assurer la direction de l'usine. Un gestionnaire d'expérience pourrait à la fois gérer l'entreprise et intégrer les enfants à sa gestion.

Initier les trois enfants aux avantages et aux responsabilités inhérentes au rôle d'actionnaire. C'est sans doute ce rôle qu'ils devront jouer à moyen terme.

Ce dirigeant aura beau se mettre la tête dans le sable, aucun de ses enfants ne peut actuellement le remplacer parce qu'aucun n'a été préparé à cette fonction. Tous trois ont été maintenus dans des postes où ils ne constituaient pas une menace pour l'autorité de leur père. Ce dernier doit maintenant payer pour ce manque de vision.

ET VOUS?

Ne terminez pas ce chapitre avant de vous pencher sur le cas de votre propre entreprise familiale. Nous vous suggérons pour ce faire les étapes suivantes.

Le point de départ

Commencez avec la carte des interactions que vous avez tracée au chapitre 2. Par écrit, racontez ensuite l'histoire de l'entreprise. Décrivez le climat général qui y règne ainsi que les relations entre les employés et les membres de la famille.

Le type d'entreprise familiale

Poursuivez votre travail d'analyse en confirmant le type de votre entreprise familiale. Rappelez-vous que les apparences sont parfois trompeuses. Ce n'est pas parce qu'un enfant fait partie de l'entreprise depuis 20 ans qu'il travaille nécessairement AVEC le dirigeant. Il est possible que la famille soit encore de type EAA.

Les problèmes familiaux dans l'entreprise

Avez-vous, au fil de votre lecture, mis le doigt sur les problèmes familiaux qui minent votre entreprise? Décrivez les problèmes sans prendre parti et énumérez leurs effets néfastes sur la famille, l'actionnariat et l'entreprise. Sévissent-ils depuis longtemps? Ont-ils pris de l'ampleur?

Vos recommandations

Supposez maintenant que vous soyez un consultant sans aucun lien émotionnel avec l'entreprise ou les membres de la famille. Que recommanderiez-vous?

Alain Samson

La patience

Ne vous lancez pas immédiatement dans l'action!
Vous pourriez faire plus mal que de bien en agissant
de façon prématurée. Les prochains chapitres vous
fourniront des outils qui vous aideront à régler les problèmes actuels sans vous mettre vos proches à dos ni
passer pour un mécontent chronique.

Chapitre 5

Le conseil de famille

Un conseil de famille est un outil permettant d'encourager la communication à l'intérieur d'une famille en affaires. Grâce au conseil de famille, tous ont l'occasion de faire connaître leur opinion, qu'elle concerne les interactions entre les membres de la famille ou les relations de celle-ci avec les actionnaires ou l'entreprise. Sans cet outil, les problèmes au travail peuvent prendre une ampleur considérable.

En théorie, les personnes occupant les zones b, d, e et f de la carte des interactions) devraient faire partie du conseil de famille. Selon le type d'entreprise, celui-ci pourra regrouper une centaine de personnes.

DE BONNES RAISONS DE CONSTITUER UN CONSEIL DE FAMILLE

Il existe plusieurs bonnes raisons de fonder un conseil de famille et de réunir régulièrement ses membres.

La résolution des problèmes familiaux
L'assemblée des actionnaires ou les réunions du comité de direction de l'entreprise ne constituent pas des

forums de discussion valable pour traiter de l'avenir des enfants, pour régler une chicane familiale ou pour décider si les petits-enfants doivent ou non obtenir un poste dans l'organisation. Comme vous le verrez dans les deux prochains chapitres, ces deux forums peuvent regrouper des gens que vos problèmes familiaux n'intéressent pas ou qui pourraient être tentés de magouiller pour évincer un enfant considéré comme un concurrent en devenir. C'est au conseil de famille de s'occuper des préoccupations familiales.

L'éducation des membres

Si les membres de la famille ne sont pas initiés aux affaires, leur participation à l'assemblée des actionnaires ou au comité de direction de l'entreprise restera impossible. S'ils ne comprennent pas, par exemple, que les dividendes versés réduisent d'autant la capacité de réinvestissement, des problèmes surgiront. Que les enfants prévoient ou non entrer au service de l'entreprise, une bonne éducation les préparera à mieux relever les défis qui les attendent.

L'appropriation de l'entreprise

Tant que les enfants ne participent pas aux décisions qui impliquent à la fois leur avenir et celui de l'organisation, ils n'ont pas l'impression que l'entreprise leur appartient. Dans leurs têtes, il s'agit de «l'entreprise de maman» ou de «l'entreprise de papa». Les réunions du conseil de famille leur permettent de s'approprier l'entreprise; avec le temps, ils apprennent à dire «notre entreprise».

Alain Samson

La transmission des valeurs qui animent l'entreprise

Le conseil de famille constitue le forum idéal pour raconter aux enfants comment est née l'entreprise et pour les informer des principaux incidents survenus depuis sa création. Il importe de leur transmettre les valeurs et la vision de l'entreprise familiale.

Une meilleure gestion de l'entreprise

Si les membres de la famille ont ce forum pour dénouer les tensions et communiquer efficacement leurs points de vue, les discussions difficiles ne viendront pas nuire à la gestion quotidienne de l'entreprise. Les conflits non résolus ou ignorés ne tardent pas à réapparaître sous d'autres formes quand il n'existe pas de lieu où on peut les régler. La formation d'un conseil de famille permet une gestion plus efficace.

QUI FERA PARTIE DU CONSEIL DE FAMILLE ?

Le conseil de famille devrait inclure tous les membres de la famille qui ont atteint un âge minimal fixé au préalable par la famille. Ce peut être 14 ou 16 ans. Dans certaines familles, l'atteinte de l'âge permettant d'intervenir au conseil de famille constitue un rite de passage vers l'âge adulte.

Les conjoints devraient être invités à se joindre au conseil de famille. S'ils ne le sont pas, ils tenteront de toute manière, sur l'oreiller, de savoir ce qui s'y est dit. Étant donné que le principal objectif du conseil de famille est d'améliorer les relations entre ses membres, empêcher un gendre ou une bru de participer au conseil va à l'encontre de l'idée de base.

Toutes les personnes aptes à participer au conseil de famille devraient s'engager à respecter certaines règles, dont : s'en tenir aux sujets qui préoccupent le conseil de famille; entretenir une communication de qualité; respecter le caractère confidentiel des discussions. Les membres du conseil de famille peuvent évidemment adopter d'autres règles pour faciliter le déroulement de la rencontre.

Si le conseil de famille est créé pendant une période de tension entre les membres de la famille, la collaboration d'un animateur, au fait des problèmes auxquels doivent faire face les membres de l'entreprise familiale, sera souhaitable. Cet animateur ne doit pas faire partie du conseil.

Des spécialistes (fiscaliste, comptable, spécialiste de l'entreprise familiale, etc.) seront parfois invités à parler de points précis. Ces invités n'assistent pas à toute la rencontre. Ils arrivent à l'heure prévue et repartent sitôt qu'ils ont terminé de répondre aux questions.

LA PRÉPARATION ET LA TENUE D'UN CONSEIL DE FAMILLE

Les rencontres du conseil de famille devraient avoir lieu à intervalles réguliers. De cette manière, les membres peuvent s'y préparer plus efficacement. Tant que la famille est de type JP, un ordre du jour n'est pas obligatoire, bien qu'il permette une meilleure préparation si les participants le reçoivent à l'avance. Par la suite, l'utilisation d'un ordre du jour est préférable.

Un conseil de famille peut durer entre cinq minutes et une journée, selon le type de famille et d'entreprise.

L'animation devrait être confiée à une personne respectée dans la famille. Par contre, si le conseil de famille est constitué en période de crise, il vaut mieux faire appel à un intervenant indépendant spécialisé dans l'entreprise familiale. Au préalable, ce dernier fera tout probablement parvenir à tous les membres du conseil un questionnaire lui permettant une meilleure préparation. Les questions qui figurent normalement dans ce questionnaire sont les suivantes.

1. Comment voyez-vous votre avenir?

2. Qu'aimeriez-vous faire dans la vie?

3. Que pensez-vous de l'entreprise?

4. Dans quel genre d'environnement aimeriez-vous travailler?

5. Où vous voyez-vous dans cinq ans?

6. Comment la famille pourrait-elle vous aider à réaliser vos rêves?

7. De quoi aimeriez-vous parler avec les autres membres de la famille?

8. Complétez la phrase suivante : réussir dans la vie, c'est...

9. Complétez la phrase suivante : notre plus gros problème actuellement, c'est...

10. Complétez la phrase suivante : la plus grande force de notre famille, c'est...

L'animateur se garde bien de révéler les réponses à ces questions pendant la réunion du conseil de famille. En fait, il s'en sert pour découvrir les sujets épineux et les sentiers qu'il est préférable d'emprunter, ou d'éviter, pendant la rencontre. Il est ainsi en mesure de préparer un ordre du jour susceptible de convaincre les membres de la famille de la valeur du processus. Chose certaine, il ne faut pas tenter de tout régler d'un seul coup. Si la famille vit des tensions, il vaut mieux procéder par étapes. Les petits succès prépareront les esprits à de plus grands succès encore.

Si la rencontre n'est pas imposée par une situation de crise, l'ordre du jour pourra être constitué de sept points.

Premier point. On rappelle les règles que le groupe s'est données (respect, communication efficace, etc.) et on insiste sur le fait que les divergences d'opinions sont tout à fait normales et même souhaitables dans une famille en évolution. En aucun temps les participants ne doivent être gênés de faire connaître leur point de vue.

Deuxième point. On peut intégrer un volet historique. Un membre de la famille racontera un événement marquant qui s'est produit depuis la création de l'entreprise. Cet épisode peut favoriser l'appropriation de l'entreprise par la génération montante, car il permet d'expliquer en partie la culture qui s'est développée dans l'entreprise.

Troisième point. On tient une activité de formation. C'est dans ce cadre qu'un conférencier invité peut initier les membres de la famille à un aspect particulier des affaires. Selon le type de famille, ce volet peut prendre de 45 minutes à 2 heures.

Quatrième point. Les membres du conseil de famille qui siègent à l'assemblée des actionnaires ou au comité de direction de l'entreprise partagent les nouvelles et les développements.

Cinquième point. Les représentants des comités du conseil de famille mettent le groupe au courant des résultats de leur travail. Il sera question des comités un peu plus loin, mais retenez pour l'instant qu'ils ne sont formés que lorsque le conseil de famille en a vraiment besoin.

Sixième point. On aborde les questions particulières qui ont été amenées par les participants au moment de la préparation de l'ordre du jour et on s'attaque aux problèmes que les membres du conseil de famille veulent régler. C'est à ce moment qu'on lave son linge sale en famille. Le conférencier invité devrait avoir quitté la réunion avant que ce point soit abordé.

Septième point. On termine la rencontre par un souper ou une activité familiale qui renforcera la cohésion du groupe et permettra les rencontres en privé de personnes qui doivent s'expliquer sur ce qui a été dit pendant la réunion.

LES PRÉOCCUPATIONS DU CONSEIL DE FAMILLE

Tout comme la famille et l'entreprise, le conseil de famille évolue avec le temps. Ses préoccupations initiales font rapidement place à d'autres préoccupations. Le tableau qui suit établit des liens entre les préoccupations de la famille et son type d'actionnariat.

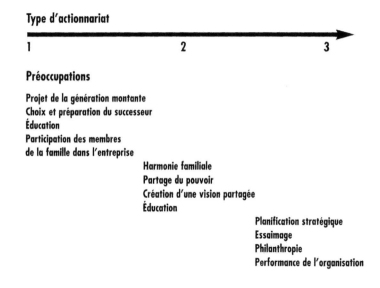

Profitons de cette section pour présenter les préoccupations les plu, courantes au moment de la création du conseil de famille.

　Alain Samson

1. La philosophie principale

L'entreprise est-elle là pour servir la famille ou est-ce le contraire ? La réponse à cette question sensibilise les membres de la famille au fait que si la famille s'attribue plus de ressources, l'entreprise en aura moins, et vice versa.

2. Les projets de la génération montante

Malheureusement, il existe encore des propriétaires-dirigeants qui considèrent comme incontournable le fait qu'un de leurs enfants prendra leur relève un jour. Or, comme ils ne lui en ont pas touché mot, ils ignorent que l'enfant pressenti pour prendre le flambeau envisage une autre carrière.

On ne peut forcer un enfant à s'intégrer à une entreprise si ses désirs et sa passion l'appellent ailleurs. Une personne non motivée n'arrivera pas à investir l'énergie nécessaire au succès d'une entreprise.

L'entreprise peut quand même être léguée à des enfants qui ne veulent pas y travailler. On peut posséder une entreprise sans faire partie de son équipe de direction. Le propriétaire-dirigeant devrait savoir à quoi s'en tenir quant aux aspirations de la génération montante. Cela favorise la prise de décisions et constitue un élément important quand vient le temps de penser à la relève.

De plus, si chacun révèle ses projets, la génération en poste peut découvrir qu'un de ses successeurs rêve d'occuper un poste donné alors que personne ne l'aurait imaginé là auparavant. Les options qui s'offrent à la famille vont alors grandissant. Chacun devrait donc se sentir libre de nourrir des projets individuels, et personne ne devrait avoir honte ou peur de les exprimer.

3. L'embauche des membres de la famille

Si des règles claires ne sont pas établies le plus tôt possible quant à l'embauche des membres de la famille dans l'entreprise, les décisions qui seront prises paraîtront le plus souvent arbitraires et teintées de favoritisme. Voyons quelques-unes des principales questions que ce thème peut soulever.

L'entreprise doit-elle embaucher tous les membres de la famille qui demandent in emploi? Pour répondre à cette question, la famille devra être initiée à la vision le l'équipe de direction, aux prévisions de croissance et à des prévisions réalistes quant à sa capacité d'embauche. Il est possible que l'entreprise ne soit pas en mesure de faire une place à tout le monde.

Les conjoints doivent-ils être embauchés? Certaines familles répondent oui; d'autres, non. Tout comme pour le point précédent, il importe d'établir une ligne directrice le plus tôt possible. Il peut en effet être très dangereux pour la famille d'embaucher un conjoint et de refuser un emploi à un autre. La personne rejetée risque fort de le «prendre personnel» et démotivera inévitablement son conjoint ou sa conjointe, membre de la famille.

L'entreprise doit-elle exiger une expérience de travail et une formation particulière avant d'embaucher un membre de la famille? Si la réponse à cette question est négative, les jeunes seront tentés de décrocher dès le secondaire pour entrer sur le marché du travail. Ils

　　　　　　　　　　　Alain Samson

se diront que, leur avenir étant assuré, ils n'ont pas à se taper les équations du deuxième degré. Dans bien des familles, on dresse le profil de formation nécessaire avant qu'un poste donné soit confié à un membre. C'est d'autant plus important en ce qui a trait à la relève. En effet, il vaut mieux que l'enfant pressenti pour remplacer le propriétaire-dirigeant commette ses gaffes de débutant dans d'autres entreprises. Il s'évitera ainsi d'être perçu comme un piètre gestionnaire par les employés qui ne font pas partie de la famille.

Les membres de la famille devraient-ils être rémunérés comme les autres employés? Seront-ils évalués à partir des mêmes critères? C'est la philosophie dominante dans la famille qui permettra de répondre à ces questions. Il importe que les enfants qui sont intégrés à l'entreprise comprennent que, lorsqu'un parent dirigeant leur adresse des critiques constructives, il porte son chapeau de patron et non son chapeau de parent. Que se passe-t-il si un enfant nuit à l'entreprise? Il vaut mieux répondre à cette question pendant qu'elle est encore théorique. On ne montre pas nécessairement la porte à un enfant incompétent, mais on peut le forcer à acquérir les connaissances qui lui font défaut. Il faut alors prévoir la transition. Le but n'est pas de dénigrer le débutant qui n'atteint pas ses objectifs, mais plutôt de s'assurer qu'il sera in mesure d'aider l'entreprise à relever les défis auxquels elle fait et fera face.

Qui décidera du poste qu'occuperont les enfants qui entreront au service de l'entreprise? Si la famille ne veut pas subir les problèmes de l'ordre de naissance, c'est le groupe qui doit répondre à cette question. Idéalement, le poste qu'occupera chaque enfant est le poste pour lequel il est le plus compétent. Mais la famille peut toujours en décider autrement.

4. Les relations entre les membres de la famille
Les membres de la famille ont-ils l'obligation de se tolérer? Quels sont les meilleurs mécanismes permettant une bonne résolution des conflits? La manifestation de ces conflits devant les employés qui ne font pas partie de la famille est-elle permise?

Les réponses à ces questions sont importantes, surtout quand la propriété de l'entreprise passe du type 1 au type 2. À ce moment, les divergences d'opinions peuvent conduire à l'éclatement de la famille. Il vaut mieux mettre en place un mécanisme pour faire face aux désaccords à mesure qu'ils se présentent.

5. L'éducation
L'entreprise familiale devrait-elle financer les études des membres de la même de ceux qui ne veulent pas y travailler?

Il est souvent tentant de faire payer les études des enfants par l'entreprise en pur créant un emploi bidon pour lequel ils reçoivent un salaire. Cette option est dangereuse, car elle communique aux membres de la famille que l'entreprise est destinée à assurer leur bien-être et qu'il n'est pas nécessaire de contribuer à ses succès pour en bénéficier. Il vaut mieux que les propriétaires-dirigeants reçoivent les dividendes suffisants pour payer les études de leurs enfants. De cette manière, la raison d'être de l'entreprise n'est pas faussée.

Alain Samson

6. Les valeurs de l'organisation
Quelles sont les valeurs à l'origine du succès de l'entreprise? Comment peut-on s'assurer de leur pérennité? La famille qui ne se pose pas ces questions risque de s'éloigner progressivement de ce qui a fait le succès de son entreprise. Il vaut mieux s'y arrêter.

7. La vision d'avenir de chacun
Comment chaque membre de la famille voit-il l'entreprise dans 10 ans? Y a-t-il un intérêt à ce qu'elle demeure dans la famille? Vaudrait-il mieux la vendre? Qu'en pensent les personnes concernées? Certains membres du clan diront qu'ils voient leur avenir étroitement lié à celui de l'entreprise familiale, tandis que d'autres avoueront le contraire. L'expression de cette vision ne devrait pas entraîner de réprimandes de la part de la génération présentement aux commandes.

8. Les responsabilités sociales de l'entreprise
Nulle entreprise ne peut grandir sans l'aide de sa communauté. Les employés contribuent à son succès, tout comme les fournisseurs et les clients. Les membres de la famille se sentent-ils en dette envers la communauté? Que peut faire la famille pour s'acquitter de cette dette et pour préserver ses bonnes relations avec son milieu?

9. La planification de la relève
Quand la génération actuellement au pouvoir compte-t-elle tirer sa révérence? Comment sera choisi le prochain dirigeant? Comment peut-on s'assurer de préserver le niveau de vie actuelle de la génération au pouvoir quand elle prendra sa retraite?

Ces aspects seront plus particulièrement traités dans La fameuse relève. Il importe de retenir ici qui, si les membres de la famille ne sont pas invités à livrer leur opinion sur ce sujet, certains entretiendront du ressentiment.

LA PERTINENCE DES COMITÉS

Toutes ces préoccupations ne peuvent faire l'objet d'une seule et même rencontre du conseil de famille. Dans les faits, plusieurs d'entre elles sont plus ou moins pertinentes selon le type de famille, d'actionnariat et d'entreprise. À mesure qu'il grandira, le conseil de famille trouvera utile de former des comités pli feront rapport lors des réunions.

Un **comité des activités familiales** peut jouer un rôle plus important qu'il n'y paraît. Ce comité, formel ou informel, a pour mandat de planifier des événements qui réunissent les membres de la famille dans un cadre informel. Ce genre d'événement solidifie la famille et permet aux gens de se trouver des points communs.

Si elle considère devoir beaucoup à la communauté, la famille dont l'entreprise est à la phase de la consolidation ou du plafonnement peut mettre sur pied un **comité des activités philanthropiques**. Sa mission sera de distribuer le plus efficacement possible les sommes destinées à ces activités, dans le respect des valeurs de l'organisation et dans le but de solidifier les liens entre la famille et la collectivité.

Dès que l'entreprise génère plus de liquidités qu'elle n'en a besoin et que les besoins des membres de la fa-

Alain Samson

mille sont satisfaits, il est temps de former un **comité d'investissement**. Ce comité sera chargé de trouver les meilleurs véhicules d'investissement compte tenu des valeurs de l'entreprise. Le comité d'investissement peut même choisir de financer les entreprises que les membres de la famille songent à lancer. Cet essaimage peut être nécessaire si l'organisation ne peut fournir de l'emploi à tous ceux qui voudraient y travailler.

Un comité peut également être créé pour aider les membres de la famille à s'orienter et à financer leurs études. **Ce comité des études** peut guider les membres du conseil de famille qui n'arrivent pas à décider de leur avenir ou qui hésitent, faute de moyens, à se lancer dans de longues études.

Finalement, un conseil de famille peut se doter d'un **fonds de rachat**. Ce fonds est surtout utile quand l'actionnariat passe au type 3 et qu'il y a risque de voir un actionnaire vendre sa participation dans l'entreprise à un étranger. Le fonds de rachat permet à l'entreprise de racheter les actions à leur juste valeur marchande et de garantir un marché aux membres de la famille qui ont d'autres projets.

La mise sur pied d'un conseil de famille ne veut pas dire que les propriétaires-dirigeants abdiquent leur droit de gérance. Le conseil de famille fait office de forum où chacun peut exprimer son opinion. La responsabilité de retenir ou non les propositions qui y sont faites revient aux propriétaires-dirigeants.

LA CHARTE FAMILIALE

Avec le temps, à mesure qu'elle règle toutes les préoccupations énumérées précédemment, la famille peut se constituer une charte familiale. L'encadré suivant fournit le canevas de cette charte. Chaque famille, selon sa situation et le type d'entreprise familiale, pourra l'adapter.

NOTRE CHARTE FAMILIALE

Préambule
> Raison d'être de la charte
> Historique de l'entreprise
> Valeurs sur lesquelles repose l'entreprise
> Privilèges et responsabilités des membres de la famille

Vision
> Où en sera l'entreprise dans quelques années ?
> Type d'entreprise familiale probable à ce moment

Participation des membres de la famille dans l'entreprise
> Conditions d'entrée
> Rémunération
> Règles concernant les petits-enfants et les conjoints

Rôle du conseil de famille
> Règles
> Comités
> Qui peut en faire partie

Règles dictant la participation de l'entreprise dans l'éducation des enfants

Une copie de la charte devrait être remise à chaque personne participant «mir la première fois à une réunion du conseil de famille. La remise de cette charte peut constituer un événement marquant dans la vie de l'enfant dont on vient de reconnaître la maturité.

Chapitre 6

Le comité de direction

Un comité de direction est un regroupement d'individus dont l'objectif est d'assurer une meilleure gestion de l'entreprise familiale. En théorie, le comité de direction devient nécessaire dès que l'organisation passe de la phase de l'hébétement à celle du développement. En pratique, il est rarement mis sur pied parce que l'entrepreneur a développé, quand son entreprise en était à ses débuts, certaines habitudes de gestion dont il a bien du mal à se débarrasser.

Le nouvel entrepreneur a commencé par développer le culte du secret. Dans les premiers temps, pendant ces journées où il se demandait s'il arriverait à payer les comptes ou s'il pourrait faire manger sa famille en attendant la prochaine rentrée de fonds, il a appris à garder ses préoccupations secrètes. Il ne s'ouvrait pas aux autres, car il avait peur que son entourage lui conseille de se trouver un emploi ailleurs ou que son conjoint fuie la maison. Il s'est donc tu, et se défait difficilement de cette habitude.

L'entrepreneur a en même temps entretenu une vision à court terme. Dans une entreprise à la phase de l'hébêtement, le mot clé est souvent SURVIE. Et quand on tente de survivre, il est rare qu'on prenne le temps de penser à l'avenir, de planifier à moyen terme ou de faire un retour sur les décisions passées afin de vérifier leur bien-fondé. L'entrepreneur a besoin de résultats rapides et il est constamment à la course.

C'est ainsi qu'il finit par se persuader du caractère unique de son entreprise : il pense que personne ne peut le conseiller. Avec le temps, il se rendra compte que son idée est fausse.

Culte du secret, vision à court terme et assurance que l'entreprise est à ce point unique que personne ne peut en comprendre les rouages. Voilà où en est l'entrepreneur quand son entreprise atteint finalement la rentabilité. Que fait-il maintenant ? Il doit accepter de se doter d'un comité de direction qui compensera ses faiblesses et lui évitera de perdre le cap.

L'ANATOMIE ET L'UTILITÉ D'UN COMITÉ DE DIRECTION

Le comité de direction d'une entreprise familiale compte idéalement de six à neuf membres. De ce nombre, trois sont des directeurs externes, c'est-à-dire qu'ils ne font pas partie de la famille, ne sont pas actionnaires, ni ne travaillent dans l'entreprise. Les autres membres sont le ou les propriétaires-dirigeants, un représentant de la famille et un représentant des actionnaires. Dans la carte des interactions, les directeurs internes se retrouveront donc dans les zones c, d et f. Selon le type d'entreprise, des employés

Alain Samson

clés seront invités à livrer au comité de direction des rapports ou à lui présenter des projets personnels.

Les fonctions du comité de direction sont multiples et importantes, comme le prouve la liste suivante.

L'évaluation de la performance du dirigeant
Personne n'est infaillible et, malgré ce qu'il peut en penser, cela vaut aussi pour le dirigeant de l'entreprise. Un conseil de direction fort, qui n'est pas constitué de béni-oui-oui, évaluera objectivement la performance du dirigeant et lui donnera des conseils de nature professionnelle. Si le dirigeant était à la fois un parent et l'actionnaire majoritaire, les membres de la famille hésiteraient à lui prodiguer ce genre de conseils.

L'évaluation des attentes des actionnaires
Comme vous le verrez au prochain chapitre, les actionnaires prescrivent les fins, c'est-à-dire les résultats attendus, et le directeur de l'entreprise choisit les moyens. Il revient ensuite au comité de direction de déterminer si ces attentes sont réalistes. S'il appert qu'elles sont irréalisables, le comité de direction peut en faire part aux actionnaires.

L'évaluation des successeurs potentiels
Quand arrive le temps de préparer un enfant à assumer la relève, le parent fait rarement un bon mentor. Il est trop tentant pour un parent de mettre en valeur les qualités de son enfant et d'ignorer ses faiblesses. Tout parent éprouve de la difficulté à évaluer objectivement ses rejetons.

Le conseil de direction, surtout ses directeurs externes, sera souvent le mieux placé pour évaluer les candidats potentiels et suggérer comment leurs performances pourraient être améliorées.

La préoccupation d'assurer la relève

Un bon comité de direction ne laissera pas un propriétaire-dirigeant oublier qu'il est mortel et l'incitera à planifier sa relève. Il se fera même insistant à l'occasion afin que le processus soit enclenché le plus rapidement possible. Souvent, il est plus persuasif que les membres de la famille.

Une aide remarquable en cas de succession révolutionnaire

Le processus de succession dans une entreprise peut être évolutionniste ou révolutionnaire. Il est évolutionniste quand il est enclenché à l'avance, que le successeur est préparé correctement et que les partenaires de l'entreprise y sont aussi préparés. Il est révolutionnaire quand il doit être effectué rapidement et sans avoir été planifié, par exemple parce que le propriétaire-dirigeant est décédé ou que la maladie l'empêche de travailler.

Si l'entreprise ne peut compter sur un bon comité de direction quand survient une succession révolutionnaire, le chaos s'installe. Personne ne connaît les affaires courantes, personne ne sait quels projets sont en voie de réalisation. Le comité de direction peut, à ce moment, épauler le successeur abasourdi.

Alain Samson

Une source de connaissances

Les directeurs externes, s'ils sont judicieusement choisis, apporteront bien plus que leurs opinions personnelles au cours des assemblées. Ils auront déjà relevé les défis auxquels l'entreprise fait face et ils sauront faire profiter les personnes impliquées de leur expérience.

Les contacts

Il se peut que les directeurs externes entretiennent de précieux contacts avec des gens dont l'entreprise pourrait avoir besoin. Il est bien pratique, par exemple, d'avoir rapidement accès à un spécialiste des relations publiques si un grave accident survient dans l'entreprise.

Un arbitrage impartial s'il y a présomption de conflit d'intérêts

La présence de directeurs externes permet d'évaluer plus objectivement les décisions qui peuvent favoriser un membre de la famille par rapport aux autres. Les autres membres de la famille auront moins tendance à penser qu'il y a eu traitement de faveur si le processus décisionnel a été le plus objectif possible. Voyons deux exemples.

L'entreprise doit louer un entrepôt et parmi les trois soumissionnaires se trouve un membre de la famille qui possède des bâtiments dans la zone industrielle. En l'absence d'un comité de direction, il y aura toujours quelqu'un pour douter que la décision ait été prise dans l'intérêt des actionnaires.

L'entreprise doit fixer le salaire à verser au nouveau comptable. Or, ce nouveau comptable est le petit-fils du propriétaire-dirigeant. Sa rémunération correspondra-t-elle à celle qu'offre le marché? L'implication de directeurs externes dans la prise de décisions de ce genre peut freiner la jalousie d'autres collaborateurs.

Une évaluation objective des résultats financiers

Puisque les membres du comité de direction se réunissent à intervalles réguliers pour évaluer les résultats financiers, ils sont en mesure de relever les problèmes (baisse de la marge bénéficiaire, augmentation des comptes en souffrance ou de la valeur des stocks, etc.) qui ont pu échapper au propriétaire-dirigeant. Par exemple, il arrive fréquemment que le propriétaire-dirigeant se préoccupe d'un seul indicateur (le volume des ventes, par exemple) et qu'il se soucie peu des autres, comme la marge bénéficiaire ou les risques de faire des affaires avec des clients peu solvables.

La protection des acquis

L'entreprise est-elle suffisamment protégée contre les poursuites civiles? Devrait-elle souscrire une plus grosse assurance? L'assurance vie du propriétaire-dirigeant suffira-t-elle à payer ses impôts successoraux? Quels autres événements pourraient mettre l'entreprise sur le carreau? Comment peut-on s'en protéger?

En se souciant de la protection des acquis, le comité de direction peut éviter la fin du rêve commun et la disparition de l'entreprise. Ce sont là des sujets de première importance, mais, en grande partie parce qu'il est pris dans la gestion quotidienne, le propriétaire-dirigeant a rarement le temps de s'y arrêter.

DE LA RÉSISTANCE À L'HORIZON

Beaucoup de propriétaires-dirigeants n'aiment pas l'idée de créer un comité de direction. Les commentaires qu'ils adressent aux membres de la famille ressemblent généralement à ce qui suit :

> «C'est moi le patron! Je n'ai besoin de personne pour me dire quoi faire ou ne pas faire.» H

> «Si des étrangers sont au courant de nos affaires, la ville au complet, y compris nos concurrents, le sera rapidement. N'oubliez pas que nous avons certaines choses à cacher...»

> «J'ai déjà un bon comptable et un bon notaire. Pourquoi trouver et payer des personnes qui ne connaissent rien de notre entreprise?»

Régulons ces arguments un à un. L'établissement d'un comité de direction, tout comme la formation d'un conseil de famille, n'a pas pour objectif d'enlever son droit de gérance au propriétaire-dirigeant. Le comité de direction a pour objectif de lui offrir la possibilité de gérer son entreprise de manière plus éclairée. Le propriétaire-dirigeant peut en tout temps dissoudre ce comité. Mais parions qu'après avoir pris conscience de ses avantages il n'aura plus envie de le faire.

La confidentialité constitue pour plusieurs entrepreneurs une préoccupation importante. Or, un chef d'entreprise peut faire signer une entente de confidentialité à tous ses directeurs, internes ou externes. L'idéal reste encore de n'avoir rien caché.

Finalement, le fait de pouvoir compter sur un excellent comptable ne dispense pas de l'obligation d'établir un comité de direction. Les comptables sont bien bons avec les chiffres, mais que connaissent-ils des affaires courantes? Que savent-ils de la réalité de l'entreprise familiale? Pas grand-chose. Un propriétaire-dirigeant pourrait certes avoir recours à un consultant ou à un psychologue quand des difficultés se présentent, mais que connaissent les psychologues à la réalité des affaires?

Le comité de direction permet au propriétaire-dirigeant de réunir en un même lieu, pour une période donnée, des professionnels qui se compléteront et qui pourront développer une vision d'ensemble plutôt qu'une vision parcellaire de l'entreprise familiale. Cette synergie ne peut être atteinte en consultation individuelle; c'est pourquoi il est essentiel de réunir des personnes qui connaissent les affaires et des personnes qui connaissent la dynamique familiale.

De plus, dans une entreprise à la phase du développement, le comptable est souvent en conflit d'intérêts. Il préférera dire au propriétaire-dirigeant ce qu'il veut entendre pour ne pas mettre en danger sa relation d'affaires. Les directeurs externes, quant à eux, n'ont pas peur de dire ce qu'ils pensent.

LA SÉLECTION DES DIRECTEURS EXTERNES

Si vous êtes un propriétaire-dirigeant, vous vous demandez probablement pourquoi une personne qui ne fait pas partie de votre main-d'œuvre accepterait de siéger à votre comité de direction. L'idée a-t-elle même du sens ?

Une personne peut accepter le rôle de directeur externe pour plusieurs raisons. Voici certaines de ces motivations.

« Je le fais pour moi. Après chaque réunion du comité de direction, je retourne chez moi la tête remplie de nouvelles idées ou de nouvelles questions. J'y gagne certainement autant que l'entreprise. »

« Au départ, j'ai accepté la responsabilité parce que j'étais flatté qu'on ait pensé à moi et qu'on respecte mes opinions. Maintenant, j'y vais parce que j'ai à cœur le succès de l'entreprise. »

« J'ai beaucoup reçu de la communauté. Si j'ai si bien réussi, c'est en grande partie à cause d'elle. Je le sentiment de rembourser ma dette quand je siège à un comité de direction. »

« Je passerai bientôt le flambeau à ma fille aînée. Ce siège au comité de direction d'une autre entreprise me tient occupé. Si je n'avais pas ça, j'éprouverais bien plus de difficulté à m'éloigner de l'entreprise que j'ai fondée. »

Le processus de sélection des gens qui siégeront à votre comité de direction doit être rigoureux. Après tout, vous voulez regrouper des gens qui serviront les intérêts de votre entreprise. Idéalement, vous vous tournerez vers des entrepreneurs qui, sans être en concurrence avec votre organisation, sont venus à bout de certains défis. Par exemple, si le prochain défi de votre entreprise est celui de l'exportation, vous avez tout intérêt à recruter un entrepreneur qui en connaît bien les rouages.

Voici quelques autres critères qui vous aideront à mieux choisir ceux qui vous donneront bientôt un coup de main.

La disponibilité

Si un directeur externe potentiel ne dispose pas du temps nécessaire pour bien s'acquitter de sa tâche, il ne peut faire partie de votre comité de direction. Il arrivera aux rencontres sans avoir lu les documents et, même sur place, son esprit sera davantage préoccupé par ses propres problèmes que par l'avenir de votre entreprise.

Vous pouvez quand même pressentir les gens très occupés. Plusieurs d'entre eux gèrent admirablement bien leur temps et ils vous donneront un coup de main malgré leurs occupations. La manière la plus simple d'évaluer la disponibilité d'une personne pressentie est de lui demander si elle est en mesure de trouver cinq ou six heures par mois pour aider une entreprise à se tailler une place dans le marché.

Les atomes crochus

Vous devrez partager votre vision avec les membres de votre comité de direction. Il faut donc que vous vous entendiez bien avec eux.

Dans le même sens, il faut aussi favoriser la bonne entente au sein du comité. Si vous recrutez un directeur externe qui vient d'entamer une poursuite judiciaire contre un membre de votre comité de direction, vous aurez de la difficulté à faire naître l'esprit d'équipe!

Les champs d'intérêt
Votre secteur d'activité intéresse-t-il au moins un peu la personne que vous pressentez? Une famille du type de la vôtre (JP, EAA, E ou R) l'intéresse-t-elle? L'idée de contribuer au succès d'une autre entreprise la stimule-t-elle? Si son intérêt est mitigé, elle s'acquittera de sa fonction mécaniquement, sans y investir l'énergie et l'enthousiasme dont vous avez besoin. Prenez garde au directeur externe qui n'accepte le poste que pour gonfler ses revenus!

L'expertise
L'expertise du directeur externe que vous voulez recruter correspond-elle aux besoins de votre organisation? Si son entreprise est encore à la phase de l'hébétement et que la vôtre en est à la phase de la consolidation, vous n'avez peut-être rien à apprendre de lui; à la limite, c'est vous qui devriez siéger à son comité de direction.

Les conflits d'intérêts potentiels
Avez-vous les mêmes fournisseurs? Servez-vous les mêmes clients? Si la réponse à une de ces questions est affirmative, allez voir ailleurs!

Il arrive malheureusement que les conflits d'intérêts soient plus difficiles à détecter. C'est le cas si un membre de la famille du directeur pressenti travaille chez l'un de vos concurrents. C'est le cas aussi si la personne que vous comptez recruter siège déjà à un comité de direction qui aurait besoin des renseignements (états financiers, analyse de marché, etc.) que vous devez fournir à vos directeurs externes. Soyez d'une extrême prudence.

Les contacts

Cette personne peut-elle vous ouvrir des portes? Fait-elle déjà affaire avec des distributeurs qui pourraient être intéressés par votre produit? Connaît-elle des partenaires potentiels? Dans l'affirmative, elle pourra faire progresser votre entreprise.

Remarquez que les contacts peuvent constituer un élément positif ou négatif. S'il s'agit d'une personne bien connue qui a récemment fait les manchettes à cause d'un comportement douteux (une accusation de fraude, par exemple), la communauté risque de vous apposer la même étiquette si vous attirez cette personne dans vos rangs.

Une bonne connaissance du mandat

Votre directeur externe potentiel devrait finalement être bien au fait, avant l'accepter le poste, de ses responsabilités dans votre comité. Votre conseiller juridique peut vous aider à définir les aspects légaux relatifs à la contribution d'un directeur externe. Vous devriez être clair quant au rôle que doit jouer votre comité le de direction. Selon Léon Danco, le mandat du directeur externe se résume ainsi.

Communiquer sa vision du climat général des affaires et sa compréhension du secteur d'activité dans lequel se trouve l'entreprise.

Alain Samson

Partager ses connaissances et ses compétences particulières en administration.

Guider l'entreprise dans le développement, la communication et l'implantation de politiques qui l'aideront à prospérer.

Guider la direction en temps de crise en apportant des solutions aux problèmes.

Faire en sorte que l'entreprise puisse survivre quand la direction en place l'aura quittée.

LE SALAIRE ET LA DURÉE DU MANDAT DES DIRECTEURS

Devriez-vous payer vos directeurs? Généralement, un directeur interne ne touche pas de rémunération supplémentaire. Souvent, sa participation au comité de direction fait partie de sa description de tâches.

Il en va autrement du directeur externe. Il est occupé ailleurs et, avant qu'il s'implique, le sort de votre entreprise l'indifférait. De plus, il apporte avec lui un bagage d'expérience qu'il serait coûteux d'acheter auprès de consultants.

Si vous attirez un directeur externe qui ne veut pas être payé, vous ne serez pas porté à suivre ses conseils. Les conseils qui ne coûtent rien sont plus souvent pris à la légère que ceux qui nécessitent une sortie de fonds.

L'argent versé à un directeur externe n'est pas un salaire; c'est une compensation pour le temps qu'il passera à préparer les rencontres. Les experts suggèrent de verser à un directeur externe entre 2 500 $ et 9 000 $ par an, selon la taille de l'entreprise et le nombre de rencontres au programme. Ils suggèrent également de verser ce montant sans exiger la présence du directeur aux réunions. Dans ces conditions, l'implication est généralement maximale.

Le mandat d'un directeur externe devrait être d'au moins deux ans tout en étant limité dans le temps. Voici pourquoi.

Au bout d'un an, un directeur externe commence à être vraiment utile. Il est conscient des enjeux et connaît les principaux acteurs de l'entreprise et de la famille. Il peut pleinement appliquer ses connaissances et ses habiletés.

Après un certain nombre d'années, les besoins de l'entreprise ont sans doute évolué. Il est donc normal qu'elle ait besoin de sang neuf pour relever les nouveaux défis qu'impose sa croissance.

Rien n'empêche de reconduire le mandat d'un directeur externe. Par ailleurs, il vaudrait mieux faire en sorte que les mandats ne viennent pas à échéance en même temps.

Le jeu en vaut-il la chandelle? Cela dépend de votre situation particulière. Si votre entreprise est à la phase du plafonnement et que l'arrivée du facteur constitue le moment le plus excitant de la journée, il est temps de vous ouvrir à des idées nouvelles. Si votre entreprise est à la phase de l'hébétement et que ses ressources financières sont limitées, optez pour le mentorat ou pour l'aide que peuvent lui apporter les organismes de soutien à l'entrepreneuriat. Si votre entreprise est à la phase du développement, vous n'avez peut-être pas encore besoin de directeurs externes. Par contre, vous en aurez besoin quand les situations suivantes se présenteront.

Des décisions doivent être prises quant à l'avenir de l'entreprise. Cet énoncé sous-entend que vous ne vous en faites plus pour le présent, que votre entreprise a atteint la rentabilité, que votre produit ou service a été accepté par la clientèle visée et que vous vous demandez quoi faire pour continuer sur votre lancée.

Vous ne pouvez plus tout gérer. Si l'entreprise a grandi à un point tel que vous n'arrivez plus à régler tous les problèmes internes à mesure qu'ils se présentent, il est temps que vous définissiez des politiques qui permettront à votre équipe de régler ses problèmes elle-même. Un comité de direction vous fournira une aide précieuse pour accomplir cet exercice.

Des compétences vous font défaut. Vous aimeriez que votre entreprise relève certains défis, mais vous n'avez pas les compétences ou les connaissances pour aller de l'avant? Des directeurs externes peuvent rapidement combler vos lacunes.

Vous devez choisir qui vous remplacera. Malgré toute votre bonne volonté, vous n'êtes pas la personne la mieux placée pour coacher votre remplaçant ni même pour évaluer les candidats potentiels.

N'attendez pas qu'une crise éclate avant de mettre sur pied un comité de direction. Son principal mandat n'est pas de gérer les crises mais bien d'assurer la pérennité de l'entreprise.

LA TENUE DES ASSEMBLÉES

Les membres du comité de direction devraient se réunir au moins quatre fois par année. Si un ordre du jour est distribué à l'avance et que les documents de référence et de réflexion le sont également, la réunion peut durer de trois à six heures.

Justement, il est important de distribuer l'ordre du jour et les documents de réflexion à l'avance. Si vous ne le faites pas, c'est surtout vous qui parlerez pendant la rencontre parce que vous devrez mettre vos directeurs au courant de ce qui s'est passé depuis la dernière assemblée. S'ils ont eu l'information au préalable, ils arriveront préparés et pourront dès lors livrer leurs points de vue. Vous leur conférez ainsi un rôle actif qui ne les réduit pas au statut de béni-oui-oui.

Comme le montre l'encadré suivant, l'ordre du jour devrait être divisé en quatre sections.

ORDRE DU JOUR

1. Résultats financiers de la période et rapports d'étape
   Résumé
   Questions, réponses et suggestions

2. Rappel des objectifs à moyen et à long terme
   Exposé
   Questions, réponses et suggestions

3. Questionnement en cours
   Présentation
   Questions, réponses et suggestions

4. Programme de continuité
   Suivi et planification
   Autres comités

Étant donné qu'ils ont reçu à l'avance les états financiers du trimestre et les rapports d'étape des projets en cours, les directeurs se contentent d'un petit résumé avant de poser leurs questions. Au fil des réponses du dirigeant, la réalité de l'entreprise devient plus facile à saisir et les directeurs peuvent y aller de propositions d'amélioration ou de nouvelles idées.

Le point numéro 1 procure un avantage double au dirigeant : en répondant aux questions, il est à même de structurer sa pensée et de mieux comprendre ses motivations et, puisqu'il doit livrer les états financiers et les rapports d'étape des projets en cours, il est obligé de les étudier. Dans bien des entreprises, trop occupé par les tâches courantes, le dirigeant n'analyse pas la performance financière de son organisation à intervalles réguliers.

Au point numéro 2, le dirigeant revient sur les principaux objectifs à moyen et à long terme et indique si ceux-ci sont toujours réalistes. S'ils doivent être revus, c'est le moment de le faire. Encore une fois, les questions et les suggestions permettent d'améliorer les projections de l'organisation.

Au point numéro 3, le dirigeant fait part des nouvelles questions qui lui sont venues à l'esprit depuis la dernière rencontre. La discussion lui permet souvent d'obtenir l'information manquante pour prendre une décision éclairée. Sinon, il peut mandater un ou plusieurs directeurs afin qu'ils trouvent cette information.

Le comité termine la rencontre en se penchant sur les programmes de continuité, comme la planification de la relève, la formation continue et la préservation des acquis. Ce dernier programme vise à se prémunir contre les crises qui pourraient survenir. Par exemple, si l'entreprise est dépendante d'un client, ce programme devra mettre en place le moyen de réduire cette menace.

Grâce aux rencontres du comité de direction, le dirigeant peut obtenir la confirmation que ses objectifs sont réalistes, que ses démarches sont valables, qu'il a raison de s'en faire devant une menace quelconque et qu'il se doit d'envisager le pire pour solidifier les assises de l'entreprise.

Pour terminer ce chapitre, cette mise en garde : à titre de dirigeant, ne simulez pas votre intérêt pour la création d'un comité de direction si vous n'avez pas l'intention d'en faire bon usage. On ne doit jamais faire semblant de tenir compte de l'opinion des autres. Si vous sentez le besoin de téléguider un comité de direction

Alain Samson

qui en aura le nom sans en posséder le pouvoir, votre tactique sera rapidement mise à jour et votre crédibilité sera entachée. Contentez-vous d'installer une boîte à suggestions, quitte à faire ce que vous voulez des commentaires que vous y recueillerez. Le résultat sera le même et le coût sera bien moindre.

Chapitre 7

L'actionnariat

L'assemblée des actionnaires est un forum où les actionnaires, c'est-à-dire les propriétaires de l'entreprise, prennent connaissance de ce qui est accompli avec leur argent. Sur la carte des interactions, les actionnaires se situent dans les zones a, b, c et d. Selon les modalités de fonctionnement de l'entreprise, les actionnaires se réuniront en assemblée une fois par an, une fois par trimestre ou une fois par mois.

Dans les premiers temps de l'entreprise, il n'est pas rare qu'une seule personne compose «l'actionnariat». Même dans ce cas, elle doit s'astreindre au travail et aux réflexions que nous proposons dans ce chapitre.

LES ACTIONNAIRES PRIVÉS DE LEURS RÔLES

Dans de nombreuses entreprises familiales, l'assemblée des actionnaires a longtemps pris l'apparence d'une mascarade pendant laquelle les actionnaires minoritaires (les enfants possédant quelques actions) étaient appelés à signer mécaniquement le registre des procès-verbaux. Tout se passait rapidement, pendant le souper de Noël par exemple. Si on sautait une année, il fallait simplement signer en double l'année suivante. L'assemblée générale annuelle était rapidement expédiée et les festivités pouvaient continuer.

Avez-vous participé à ce genre d'assemblée générale annuelle? Quels étaient les effets de cette mascarade? Probablement ceux-ci.

Nul n'avait le sentiment, hormis l'actionnaire principal, de posséder une partie de l'entreprise. Pourquoi alors les actionnaires auraient-ils dû se soucier de l'avenir de l'organisation?

Les actionnaires minoritaires restaient dans l'ignorance. Une assemblée constitue pourtant une occasion de choix pour faire l'éducation des actionnaires. Il est en effet possible, après la présentation des états financiers, de faire des liens entre les événements survenus dans l'année et la performance financière de l'organisation. Ces liens permettent d'aiguiser le sens des affaires chez toutes les personnes qui participent à la rencontre.

Le pouvoir était transféré au comité de direction. Dans une entreprise, ce sont les actionnaires qui doivent fixer, en assemblée, les objectifs et les orientations. Il revient ensuite au comité de direction de choisir les moyens d'atteindre ces objectifs.

Les actionnaires minoritaires retenaient que leur rôle consistait à approuver automatiquement et sans aucune question les décisions des autres. Est-ce bien ainsi qu'on prépare des gens à pourvoir des postes clés et

Alain Samson

à assumer leur leadership? Personne ne disait jamais à ces actionnaires minoritaires quels étaient leurs droits et leurs responsabilités en devenant actionnaires. Personne ne se donnait la peine de leur faire prendre conscience de l'importance de ce rôle.

LES PRÉOCCUPATIONS DES ACTION-NAIRES

Les actionnaires n'ont pas à s'impliquer dans les activités quotidiennes de l'entreprise; ce n'est pas leur mandat. Trop souvent, un actionnaire se présente dans l'entreprise et se met à donner des ordres aux employés, comme s'il était directeur général. C'est une erreur. Les actionnaires sont les patrons du directeur général qui, lui, gère l'entreprise.

Si les actionnaires ne peuvent s'immiscer dans les décisions courantes qui relèvent de la direction générale, de quoi traiteront-ils en assemblée? Puisque celle-ci regroupe la totalité des propriétaires de l'entreprise, il sera question de la valeur du placement et de l'intérêt collectif à conserver ce placement. Voici, plus précisément, quelques sujets d'intérêt pour les actionnaires.

1. Le rendement du placement
L'argent investi dans l'entreprise rapporterait combien s'il était placé ailleurs? Si l'entreprise enregistre des pertes et que le capital, investi ailleurs, pourrait rapporter des revenus fixes intéressants, pourquoi s'entêter à conserver l'entreprise? Ne vaudrait-il pas mieux la vendre?

Naturellement, pour répondre à cette question, les actionnaires d'une entreprise familiale ne tiendront pas uniquement compte des profits nets de l'entreprise. Ils tiendront également compte des avantages indirects dont ils bénéficient, comme les emplois, les salaires supérieurs à ceux du marché, la voiture de fonction, etc.

2. La qualité de la gestion de la direction actuelle
Les propriétaires de l'entreprise sont en droit de se poser cette question tout à fait légitime : l'entreprise serait-elle mieux gérée par quelqu'un d'autre ? Une réponse affirmative à cette question n'entraîne pas automatiquement la vente de l'entreprise ni le remplacement du dirigeant par un autre membre de la famille. Il peut très bien arriver que le membre de la famille qui dirige actuellement l'entre prise soit remplacé par un gestionnaire professionnel qui n'a aucun lien de parenté avec les actionnaires. Les actionnaires doivent pouvoir compter sur une direction compétente.

3. Le goût du risque
La différence entre l'âge moyen des actionnaires et l'âge du dirigeant de l'entreprise peut influer sur la qualité des relations. Impétueux, le jeune dirigeant d'entreprise tente souvent de faire ses preuves, si bien qu'il n'hésitera pas à engager l'entreprise dans de grands projets.

Les actionnaires, s'ils sont plus vieux ou moins tentés par le risque, essayeront de le modérer. En assemblée, des actionnaires peuvent exiger du directeur général qu'il renonce à des projets démesurés d'expansion ou de modernisation.

Alain Samson

4. L'avenir de l'industrie

Sans égard à la performance actuelle de l'entreprise, les actionnaires doivent s'interroger sur l'avenir de l'industrie dans laquelle se trouve l'entreprise. Par exemple, il serait légitime pour les actionnaires d'une chaîne de clubs vidéo de se demander s'il n'est pas temps de vendre l'entreprise, qui présente encore une bonne valeur, alors que se prépare l'arrivée de films sur demande par câble ou par satellite.

Cette préoccupation va bien au-delà des préoccupations quotidiennes du dirigeant de l'entreprise. Elle s'inscrit dans une démarche stratégique que résume le graphique suivant.

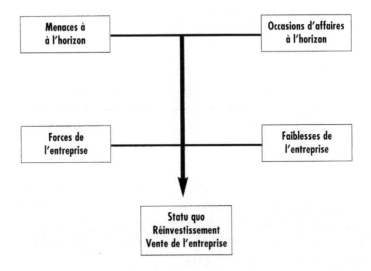

Dans un premier temps, les actionnaires procèdent à une analyse des forces à l'œuvre à l'extérieur de l'entreprise. Qu'est-ce qui menace l'entreprise? Qu'est-ce qui pourrait constituer une occasion pour elle ? Dans l'exemple de la chaîne de clubs vidéo, l'arrivée de la vidéo par câble ou satellite constitue une importante menace. En revanche, l'arrivée de films récents sur une base régulière constitue une occasion, puisqu'elle favorise la fidélisation de la clientèle. Si Hollywood menaçait de cesser la distribution de films par la voie des clubs vidéo, il s'agirait d'une importante menace.

Une fois cette analyse externe terminée, les actionnaires doivent se demander si l'entreprise saura relever les défis à venir. Pour ce faire, les forces et les faiblesses sont évaluées. Par exemple, si la chaîne de clubs vidéo compte sur une clientèle fidèle de 25 000 membres, il s'agit d'une force. Le fait qu'elle ne puisse réduire ses prix pour faire face à la concurrence constitue une faiblesse.

Au terme de cet exercice, les actionnaires optent pour une de ces trois possibilités : que l'entreprise poursuive ses activités sans qu'on y apporte de changement, qu'on y réinvestisse pour qu'elle soit plus concurrentielle ou qu'on la vende avant que sa valeur chute.

Ce processus n'est pas toujours facile à entreprendre. Des considérations émotionnelles ou des conflits d'intérêts peuvent nuire à la démarche. C'est la responsabilité des actionnaires de s'interroger régulièrement sur la valeur de leur placement.

5. L'évaluation des besoins des actionnaires
L'entreprise sera-t-elle en mesure de générer les liquidités auxquelles les actionnaires s'attendent dans les prochaines années ? Pourra-t-elle accueillir la pro-

chaine génération dans ses rangs? Si ce n'est pas possible, cette information doit être relayée au conseil de famille, qui devra agir en conséquence.

Les actionnaires recherchent un équilibre constant entre leurs besoins et ceux de l'entreprise. Ils savent que, s'il y a déséquilibre, il sera bien difficile de garantir la survie de l'organisation.

6. L'évaluation des activités de l'entreprise

Les états financiers sont-ils suffisamment clairs pour indiquer aux actionnaires que l'entreprise devrait abandonner certaines activités? D'autres activités devraient-elles être lancées? Les actionnaires doivent pouvoir compter sur des données comptables détaillées. Des rapports consolidés où il est impossible de départager l'apport de chaque gamme de produits ou de services rendent impossible une évaluation valable de chaque activité.

«JE SUIS LE SEUL ACTIONNAIRE»

Vous pouvez croire, si vous êtes le seul actionnaire et le dirigeant de l'entreprise, que ce chapitre vous est inutile. Si cette pensée vous est passée par l'esprit, prenons quelques instants pour rétablir les faits.

Vous n'avez pas le temps, au travail, de remettre en question les gestes que vous faites et la nécessité de continuer à les faire. Vous devriez vous réserver au moins une journée par an (dans votre agenda, inscrivez «Planification stratégique») pour vous poser les questions suivantes.

1. Y a-t-il des dangers qui planent actuellement sur mon entreprise?

2. Mon entreprise est-elle trop dépendante d'un important client?

3. Le ratio d'endettement de mon entreprise est-il acceptable?

4. La croissance de mon entreprise est-elle satisfaisante?

5. Comment sa croissance se compare-t-elle à celle de l'industrie?

6. Les goûts et les attentes de mes clients changent-ils?

7. Comment mon entreprise pourrait-elle bénéficier de ces changements

8. De nouvelles technologies pourraient-elles augmenter la productivité de mon entreprise?

9. Que font mes concurrents pour me ravir la clientèle? S'agit-il d'une menace réelle? Comment puis-je réagir?

10. Comment puis-je améliorer les avantages concurrentiels de mon entreprise?

12. Le temps est-il venu de me lancer à l'assaut de nouveaux marchés? Lesquels?

Alain Samson

12. Quelles sont les perspectives d'avenir pour mon entreprise ?

13. Quelle serait ma réaction si d'autres actionnaires me conseillaient de vendre ?

14. Quels nouveaux produits ou services mon entreprise a-t-elle en réserve pour l'année qui vient ?

15. Pourrais-je consolider ou améliorer la position de mon entreprise dans le marché en procédant à l'acquisition d'un concurrent ? Lequel ?

Un actionnaire unique doit absolument réseauter, rencontrer des gens et être au fait de ce qui se passe dans l'industrie. Si vous êtes le seul actionnaire de votre entreprise, ne restez pas dans votre bulle ! Vous risqueriez d'être la dernière personne à apprendre que des changements s'imposaient pour assurer la survie de votre organisation.

LA CONVENTION ENTRE ACTIONNAIRES

Chaque actionnaire détient une portion de l'entreprise, portion dont il fait ce qu'il veut. Un actionnaire mécontent pourrait vendre ses actions demain matin à un parfait inconnu ou, pire encore, à un concurrent. Un actionnaire pourrait mettre les siennes en garantie pour obtenir un prêt hypothécaire. Un autre pourrait mourir en laissant pour héritier une fondation dont un représentant se retrouverait d'office à l'assemblée des actionnaires. Deux actionnaires en désaccord et possédant chacun 50 % des actions votantes pourraient reporter aux calendes grecques le moindre projet d'agrandissement. Toutes ces circonstances peuvent se révéler de véritables cauchemars pour ceux qui les vivent. Que faire pour les éviter?

La convention entre actionnaires est un document juridique qui définit les règles du jeu entre les actionnaires. Elle se compare, pour les actionnaires, à la charte familiale dont il a été question au chapitre 5.

Tout actionnariat devrait se doter de ce document. Rédigé par un conseiller juridique, il a une portée légale et peut même permettre une économie d'impôt au décès d'un actionnaire. Les réponses aux questions suivantes devraient constituer la base de la convention entre actionnaires.

Quelles règles encadreront la vente des actions de l'entreprise? Les actions devront-elles être offertes d'abord aux membres de la famille? Comment sera calculée la valeur des actions au moment de la vente entre membres de la famille? Dans le cas d'une famille de type 3 (membres de la famille élargie et autres actionnaires), une branche de la famille pourra-t-elle posséder une majorité des actions votantes? Un fonds devrait-il être constitué afin que l'entreprise ait suffisamment de liquidités si un actionnaire doit vendre sa participation? Serait-il plus simple de déterminer des moyens d'avancer de l'argent à l'actionnaire qui veut vendre?

Que se passera-t-il s'il y a égalité des voix entre deux options possibles? Comment les impasses seront-elles réglées? Nous traitons de cette éventualité dans le livre

Alain Samson

Par quel mécanisme seront évaluées les actions s'il y a transaction entre actionnaires et qui jouera les arbitres s'il y a désaccord?

En bref, la convention entre actionnaires garantit un marché aux actionnaires et prévoit comment les conflits seront résolus sans que l'entreprise soit mise en péril. Ne vous en passez pas et, surtout, une fois qu'elle sera rédigée, assurez-vous que tous la signeront. Il arrive qu'une convention entre actionnaires finisse sa vie, non signée, dans le tiroir d'une personne qui n'avait pas saisi l'importance d'avoir ce document en bonne et due forme. Or, quand il y a urgence, il est très difficile l'obtenir les précieuses signatures.

LA COMMUNICATION ENTRE LES 3 INSTANCES

Jusqu'ici, nous vous avons présenté le travail du conseil de famille, du comité de direction et de l'actionnariat comme si chaque entité travaillait en vase clos, sans consultation ou communication. Il n'en est évidemment rien. Les gens qui se situent dans les zones b, c, d et f agissent comme agents de communication entre ces instances. En fait, comme le montre le graphique suivant, les documents dont il a été question dans les chapitres 5, 6 et 7 sont préparés de manière intégrée.

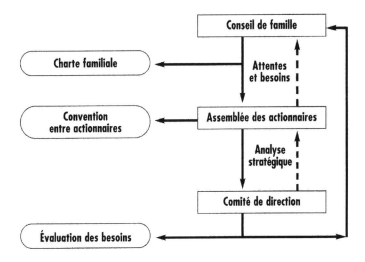

Les membres du conseil de famille se rencontrent et décident s'ils veulent ou non être impliqués dans l'entreprise. Ils entreprennent la création de leur charte familiale et transmettent aux actionnaires leurs besoins et leurs attentes.

En assemblée, les actionnaires analysent les options possibles et déterminent si elles sont réalistes pour l'entreprise. Du coup, ils en font part au comité de direction. Si les actionnaires déterminent que les attentes de la famille sont irréalistes, ils en informent le conseil de famille.

Finalement, le comité de direction analyse ce qui est attendu de lui. Si c'est réaliste, il se met en branle; si ce ne l'est pas, il le communique aux actionnaires et au conseil de famille. Le processus reprend ensuite. Au fil des interactions, la famille, les actionnaires et la

Alain Samson

direction adoptent une position et une stratégie communes.

Êtes-vous effrayé par ces défis? Craignez-vous qu'ils vous fassent perdre la maîtrise de votre entreprise? Avez-vous peur de bureaucratiser votre organisation?

N'ayez crainte. Vous pouvez améliorer les chances de survie de votre entreprise sans éteindre son dynamisme, qui fait sa force depuis sa création. De nombreux professionnels peuvent vous aider à faire cette transition. Ce sera le sujet du prochain chapitre.

Chapitre 8

À l'aide!

Ce que vous lisez dans ce guide vous satisfait-il parce que cela vient confirmer vos pratiques actuelles de gestion? Votre lecture vous plonge-t-elle plutôt dans le découragement parce que vous vous rendez compte de tout le travail encore à accomplir pour consolider votre entreprise? Ressentez-vous le besoin de crier «À l'aide!»?

Ce chapitre vise à vous faire connaître plusieurs ressources professionnelles en mesure de relever avec vous les multiples défis de l'entreprise familiale. Vous apprendrez beaucoup au contact de ces professionnels qui vous aideront à prendre des décisions éclairées.

Rappelons d'abord trois principes qui guideront vos contacts avec eux.

1. *Vous demeurez le décideur.* Avoir recours à un spécialiste n'est pas un signe de faiblesse ou un indice d'abdication. C'est au contraire la preuve que vous voulez prendre les meilleures décisions possibles et que vous savez vous entourer. Dans

tous les cas, vous restez aux commandes et avez le dernier mot.

2. *Il existe des incompétents partout.* Votre relation avec votre comptable ou avec votre conseiller juridique n'est pas une collaboration à vie. Vous pouvez y mettre un terme si vous trouvez cette personne incompétente ou si elle ne partage pas vos valeurs. De plus, vous ne devez pas vous gêner pour poser des questions à d'autres professionnels. Évitez toutefois de mettre fin à votre relation avec un conseiller qui s'est permis de vous dire ce qu'il pense même s'il savait que vous ne l'apprécieriez pas. Certaines vérités sont bonnes à dire.

3. *Ils peuvent trouver eux-mêmes la cause de vos problèmes.* Les professionnels sont souvent engagés par des propriétaires-dirigeants qui tentent de les manipuler en leur disant «Voici notre problème» ou «Voici les conclusions auxquelles il faudrait en arriver». Tenez-vous loin du conseiller qui accepte d'emblée ce genre de diagnostic; il est possible qu'il soit uniquement là pour toucher des honoraires. De toute façon, cette manipulation, rapidement mise au jour, n'est avantageuse ni pour le propriétaire-dirigeant ni pour son conseiller, qui perd toute crédibilité.

DES EXPERTS À VOTRE DISPOSITION

Vers quel professionnel devriez-vous vous tourner? Tout dépend de vos besoins. Voici une courte liste de personnes susceptibles de vous aider.

Le comptable

Sauf lorsque vous causez chiffres, il donne souvent l'impression de ne pas comprendre de quoi vous parlez. Par contre, quand arrive le temps d'évaluer la rentabilité de vos activités, il est en mesure de comparer vos performances à celles des autres joueurs de votre industrie et de vous indiquer les postes budgétaires à redresser.

Parce qu'il connaît les lois et les réglementations, il peut vous suggérer des moyens de réduire les sommes à expédier aux gouvernements. Il vous permet également de vous concentrer sur les activités que vous préférez pendant qu'il fait votre comptabilité.

Finalement, s'il fait partie d'un cabinet, il sera en mesure de vous diriger vers des professionnels aptes à vous rendre d'autres services.

Le fiscaliste

Spécialiste des lois fiscales des multiples paliers gouvernementaux, le fiscaliste a plusieurs cordes à son arc. Il peut évaluer ce qu'il en coûterait à vos héritiers si vous décédiez aujourd'hui. Il peut vous faire profiter immédiatement de déductions qui n'existeront peut-être plus au moment de votre décès. Il peut également évaluer combien d'argent il vous resterait si vous vendiez vos actions ou même votre entreprise aujourd'hui.

Ce qu'il faut retenir quand on fait affaire avec un fiscaliste, c'est qu'il n'a pas une vision globale de l'entreprise ni des relations entre la famille, les actionnaires et la direction. Il peut très bien vous soumettre un projet optimal du point de vue fiscal mais invivable du point de vue humain. Prenez votre temps pour étudier toutes les répercussions de ses suggestions.

Le notaire

Il s'y connaît peu en fiscalité mais beaucoup en matière légale. Il est en mesure de vous conseiller pour la rédaction de votre convention entre actionnaires et il peut analyser un contrat en profondeur (bail commercial, achat d'une propriété, etc.). C'est également lui qui créera votre compagnie de gestion (laquelle chapeauterait vos autres entreprises et vous permettrait de jouir de certains avantages fiscaux) si votre fiscaliste croit à propos d'en créer une et que vous acceptez cette proposition.

Le notaire vous aidera également à rédiger votre testament, mais il est probable que cet important document sera le fruit d'un travail d'équipe basé sur la participation des professionnels dont il a été question jusqu'ici.

Le conseiller en sécurité financière

Vous en conviendrez, ce serait avantageux si on pouvait acheter son assurance-vie une fois décédé! C'est toutefois avant de connaître des ennuis qu'il faut entrer en relation avec ce spécialiste qui peut vous aider sur les plans suivants.

Il peut vous offrir une assurance vie qui vous permettra de racheter la participation d'un autre actionnaire si ce dernier décède. Cela vaut souvent bien mieux que de se retrouver avec un tas de nouveaux actionnaires qu'on ne connaît pas.

Alain Samson

Il peut vous vendre une assurance vie qui servira à payer vos impôts à votre décès. Trop d'entrepreneurs croient qu'ils laisseront un héritage substantiel à leurs descendants alors qu'en réalité leur fortune ira au fisc.

Il peut vous offrir une panoplie de produits servant à protéger votre entreprise contre les mauvais coups du sort. Vos besoins en matière d'assurance responsabilité, notamment, ne devraient pas être négligés.

Le psychologue

Quand une chicane survient et qu'il est impossible d'y échapper parce que les belligérants sont ensemble au travail comme à la maison, l'équilibre psychologique des parties est en danger. Le psychologue peut alors les aider à mettre de l'ordre dans leurs idées et à mieux travailler ensemble.

Le psychologue peut également intervenir auprès des membres de la génération montante qui s'interrogent encore quant à leur avenir et à leur choix de carrière.

Le spécialiste de l'entreprise familiale

Que la famille vive une situation de crise ou qu'elle entreprenne une succession évolutionniste, le spécialiste de l'entreprise familiale peut l'accompagner dans une démarche unificatrice qui fera en sorte que tous auront l'impression d'y gagner. Ce professionnel prendra le temps de connaître les aspirations des membres de la famille et s'assurera de mettre en place un conseil de famille actif et respectueux des besoins de chacun.

Si vous mandatez un spécialiste de l'entreprise familiale, vous devrez lui dévoiler vos états financiers et votre convention entre actionnaires. Il voudra visiter votre entreprise, assister à une réunion du comité de direction et rencontrer individuellement tous les membres de la famille. Bref, il voudra toutes les données pour dresser un tableau de votre situation particulière avant d'entreprendre la constitution de votre conseil de famille.

LA RELATION AVEC LES PROFESSIONNELS

Il n'est pas recommandé de se fier principalement au taux horaire quand arrive le temps de sélectionner un professionnel parmi plusieurs candidats. Posez plutôt ces quelques questions aux professionnels que vous pressentez avant d'arrêter votre choix.

Pouvez-vous m'aider ?
Le consultant qui répond par l'affirmative à cette question avant même de vous avoir écouté et d'avoir compris votre situation particulière est suspect. Un professionnel ne peut être certain de pouvoir vous aider s'il n'a encore aucune idée de votre situation personnelle. Prenez donc garde à celui qui, dès le début d'une rencontre, parle plus qu'il n'écoute.

Que savez-vous de l'entreprise familiale ?
Si le consultant n'a jamais fait partie d'une entreprise familiale ou s'il travaille pour le secteur public, prenez garde! Il ne sera peut-être pas à la hauteur de vos besoins, parce que l'entreprise familiale présente une dynamique particulière.

Alain Samson

Ne vous attendez cependant pas à ce qu'il vous fournisse la liste des entreprises auprès desquelles il est intervenu. Sa relation avec ces entreprises, tout comme celle qu'il entretiendra peut-être avec vous, est confidentielle. Méfiez-vous du professionnel qui semble se délecter en vous racontant les petits malheurs de ses clients; il racontera un jour vos déboires à d'autres.

Le consultant que vous choisirez doit certes avoir de l'expérience avec des entreprises familiales, mais il n'est pas essentiel qu'il ait agi auprès d'entreprises de votre secteur d'activité. Vous avez déjà des ressources, dans votre comité de direction, qui s'y connaissent en la matière. Bien sûr, si vous dénichez un consultant qui possède à la fois de l'expérience dans votre secteur d'activité et dans l'entreprise familiale, c'est tant mieux!

Depuis combien de temps offrez-vous ce type de service?
Il s'agit d'une question pertinente. S'il a fini ses études la semaine dernière et que vous êtes son premier client, vous ferez les frais de son apprentissage sur le terrain. Est-ce cela que vous désirez? S'il a lancé son service de consultation le mois dernier parce qu'il s'est retrouvé sans emploi, vous financerez sa réinsertion au travail. En avez-vous vraiment envie? Peut-être souhaitez-vous compter sur un professionnel qui est en affaires pour le rester et qui a déjà contribué à résoudre le genre de problème que vous lui soumettrez.

Aimeriez-vous rencontrer d'autres personnes avant de signer?

Prenez garde s'il est disposé à signer un contrat avant même d'avoir pris le pouls de l'entreprise. Si, par exemple, vous êtes présentement en conflit avec un enfant et que le consultant ne demande pas à le rencontrer avant d'offrir ses services, il a peut-être besoin d'un contrat à tout prix. Si un consultant n'a pas la confiance des autres membres de la famille, il risque de passer pour un mercenaire à votre solde et, si cela se produit, son travail sera bien plus difficile. Un consultant ne doit jamais être perçu comme un allié de quiconque.

Dès que vous vous serez entendus sur ses honoraires, insistez pour qu'une clause de confidentialité soit ajoutée au contrat si elle n'y figure pas déjà. Vous lui brosserez le tableau de votre famille et de votre entreprise; vous ne souhaitez pas devenir des personnages de téléroman,

Une fois le contrat signé, sachez qu'il prend les commandes. Étudiez sérieusement chacune de ses recommandations et ne vous attendez pas à une résolution rapide et sans douleur des problèmes que vous lui soumettez. Le problème qui a pris des années à se développer ne sera pas résolu en un après-midi, peu importe le montant que vous êtes prêt à inscrire sur le chèque que vous remettrez bientôt au professionnel.

Si possible, résistez à la tentation de dénicher vos professionnels loin de chez vous. Beaucoup de familles croient que l'expert qui vient de loin est plus compétent; au surplus, elles s'imaginent qu'il est moins ris-

Alain Samson

qué de lui parler de leurs problèmes, car il ne fréquente pas leurs partenaires d'affaires. C'est évidemment une illusion. Vous aurez besoin de communiqués régulièrement avec le spécialiste que vous avez choisi et vous aurez tendance, s'il est loin de chez vous, à vous priver de son opinion même quand vous en auriez besoin.

Finalement, c'est une fort mauvaise idée d'engager un consultant pour faire semblant de s'attaquer à un problème décrié par les autres membres de la famille. Tôt ou tard, ils comprendront le subterfuge et se sentiront floués. À ce moment, les ponts seront peut-être coupés à jamais.

LE MENTORAT

Le réseau de parrainage de la Fondation de l'entrepreneuriat existe depuis maintenant quelques années. Il permet à un entrepreneur d'obtenir le soutien d'un mentor, c'est-à-dire une personne qui a le sens des affaires et de l'expérience. Ce service est gratuit et confidentiel.

«Comment ce service peut-il être offert gratuitement?» vous demandez-vous peut-être. En vérité, le mentor y gagne beaucoup en s'impliquant auprès d'une entreprise. Il peut contribuer à former la relève, léguer ou transmettre son savoir et, en demeurant actif, donner un nouveau sens à sa carrière d'entrepreneur ou de gestionnaire. Sans compter qu'il est toujours valorisant de contribuer au mieux-être de sa collectivité.

Le réseau est principalement axé sur les nouvelles entreprises, mais son intérêt en ce qui a trait à la relève

entrepreneuriale est manifeste. Rappelez-vous finalement que vous demeurez le patron de votre entreprise
et que vous avez la possibilité de demander un autre
mentor si le courant ne passe pas avec celui qui vous
est assigné.

Alain Samson

Conclusion

Pour se tailler une place dans un marché, l'entreprise familiale jouit d'avantages non négligeables. Elle est souvent capable de réagir rapidement, les membres de la famille sont prêts à investir beaucoup d'énergie pour préserver la réputation de l'entreprise et, comme les employés sont tout près de la direction, il se dégage de l'entreprise familiale une belle énergie, qui ne peut que faire l'envie des autres entreprises.

Toutefois, comme nous l'avons vu, la gestion d'une entreprise familiale présente également de sérieux dangers. Si elle est gérée comme une famille, elle ne survivra pas longtemps et sa disparition fera de nombreuses victimes.

Pour maximiser les chances de survie de l'entreprise, il faut prendre plusieurs décisions. Il faut pouvoir compter sur des conseillers compétents. Il faut aller chercher l'aide de directeurs externes. Il faut bien planifier l'arrivée de la prochaine génération et s'assurer d'éduquer tous les membres de la famille.

La démarche que nous vous avons proposée dans ce livre n'est pas de tout repos. Bien des propriétaires-dirigeants préféreraient signer un chèque et croire que tout ira bien. C'est malheureusement impossible. Pour survivre, votre entreprise, tout comme à l'époque où elle était encore à la phase de l'hébétement, exige des efforts constants. Afin que l'entreprise puisse prospérer, vous devez mettre en place des conditions gagnantes. Le propriétaire qui s'entête à refuser ce fait y laissera sa famille ou son entreprise, peut-être les deux.

N'oubliez cependant pas d'adapter les suggestions que nous vous avons faites au type d'entreprise familiale qui correspond à votre réalité.

ET MAINTENANT?

Votre travail ne s'arrête pas là! En fait, toute la collection *Grands Défis* a pour objectif de vous aider à faire un succès de votre entreprise. Voici comment vous pouvez continuer votre démarche quand vous aurez mis sur pied votre conseil de famille, votre comité de direction et votre actionnariat.

Si la survie de votre entreprise vous préoccupe, vous devez lire *La fameuse relève*. Vous y découvrirez une démarche pour assurer un transfert harmonieux de la direction de votre entreprise, que celle-ci soit familiale ou non. Les membres de la famille, les actionnaires qui ne font pas partie de la famille et les spécialistes susceptibles de faire partie d'un comité de direction devraient aussi lire ce guide, la suite logique de ce livre.

Pour assurer la continuité, vous devez identifier, parmi les membres de votre famille ou de votre personnel, une personne apte à prendre votre relève. Vous travail-

Alain Samson

lerez alors à la transformer en véritable leader. C'est le sujet principal de *Vos futurs leaders*.

Un des principaux défis auxquels devront faire face les dirigeants d'entreprise au cours des prochaines années sera le nombre réduit d'employés potentiels. Le vieillissement de la population fera en sorte qu'il deviendra de plus en plus difficile d'attirer et de retenir les meilleurs employés. Dans *Comment attirer et conserver les meilleurs employés*, vous apprendrez à contrer ce phénomène.

Pour sa part, le livre *Et si on devenait une équipe gagnante?* s'intéresse aux moyens que vous pouvez utiliser pour améliorer la qualité du travail en équipe dans votre entreprise, qu'elle soit familiale ou non. Vous apprendrez également à faire grandir la satisfaction générale de vos employés, de vos fournisseurs et de vos clients.

Ce n'est pas toujours facile d'être un patron. Le monde du travail a changé au cours des dernières années et il continue de changer. Une bonne gestion du personnel vous permet d'augmenter votre productivité tout en réduisant les risques de poursuites planant sur votre entreprise. Le livre *Comment devenir un meilleur boss* vous aidera à faire face à la naissance d'idylles au travail et au harcèlement moral dans l'organisation. Nous vous donnons aussi quelques pistes à emprunter pour devenir un patron apprécié.

Nous avons mentionné à plusieurs occasions, tout au long de ce guide, que les membres de la famille, pour contribuer au succès de l'entreprise, devaient être initiés au monde des affaires. Les maudits chiffres : les maîtriser, les faire parler, le septième titre de cette collection, se veut une initiation au langage des affaires à l'intention de ceux qui sont démunis devant des états financiers ou un système comptable. À la suite de leur lecture, ils pourront mieux jouer leur rôle d'actionnaire ou de membre de la Famille inc.

Finalement, peut-être envisagez-vous de vendre cette entreprise dans laquelle vous avez investi tant d'efforts. Le livre Comment vendre votre entreprise vous aidera à prendre cette décision. Si la vente s'avère nécessaire, vous serez invité à préparer la mise en marché de votre entreprise pour en obtenir le maximum tout en tenant compte des répercussions fiscales de cette transaction.

Le temps fuit, certaines choses ne peuvent être remises au lendemain. Si vous tenez à réaliser vos rêves, les réflexions que nous vous proposons dans cette collection s'imposent; nous vous aiderons à les mener à bien.

Bonne lecture et bon succès!

Alain Samson

Lectures suggérées

Aronoff, Craig E. et John L. Ward, *Family Meetings*, Business Owners Resources, Georgie, 1992, 54 p.

Benson, Benjamin et Al, *Your Family Business*, Business One Irwin, Illinois, 1990, 260 p.

Danco, Katy, *From the Other Side of the Bed: a Woman Looks at Life in the Family Business*, Centre for Family Business, Cleveland, 1981, 169 p.

Danco, Léon A., *Beyond Survival*, Center for Family Business, Cleveland, 1992, 196 p.

Danco, Léon A., *Inside the Family Business*, Center for Family Business, Cleveland, 1992, 250 p.

Danco, Léon A., *Outside Directors in the Family Business*, Center for Family Business, Cleveland, 1981, 207 p.

Flamholtz, Eric G., *How to Make the Transition From an Entrepreneurship To a Professionally Managed Firm*, Jossey-Bass, San Francisco, 1986, 232 p.

Fleming, Quentin, *Keep the Family Baggage out of the Family*, Business, Fireside, New York, 2000, 332 p.

Friedman, Scott E., *The Successful Family Business*, Upstart, Chicago, 1998, 229 p.

Gersick, Kelin E. et Al, *Generation to Generation: Life Cycles of the Family Business*, Harvard Business School Press, Boston, 1997, 302 p.

Lansberg, Ivan, *Succeeding Generations*, Harvard Business School Press, Boston, 1999, 359 p.

Marshack, Kathy, *Entrepreneurial Couples: Making It Work at Work and at Home*, Davies Black, Palo Alto, 1998, 272 p.

Poza, Ernesto J., *Smart Growth: Critical Choices for Business Continuity and Prosperity*, Jossey-Bass, San Francisco, 1989, 211 p.

Samson, Alain et Paul Dell'Aniello, *Famille en affaires : pour en finir avec les chicanes*, Les Éditions de la Fondation de l'entrepreneuriat et Les Éditions Transcontinental, Montréal, 1993, 186 p.

Ward, John L., *Keeping the Family Business Healthy*, Jossey-Bass, San Francisco, 1987, 266 p.
1126

Pour aller plus loin

À la Société-conseil Alain Samson inc., nous travaillons depuis 1993 à aider les entreprises à maximiser leurs résultats. Nous avons depuis ce temps rédigé une centaine d'ouvrages, plusieurs logiciels, des ensembles d'audio cassettes ainsi que quelques cours et formations en ligne.

Notre souci est de vous aider à faire plus avec les ressources à votre disposition, quelle que soit l'ampleur actuelle de votre organisation.

Nous offrons des volumes destinés aux vendeurs ou aux propriétaires d'entreprise. Nous pouvons offrir des formations sur mesure afin de vous aider à fixer puis à atteindre vos objectifs et nous pouvons agir à titre de conférencier lors d'un colloque ou d'un congrès.
Si vous êtes intéressé par l'augmentation des ventes, la satisfaction de la clientèle, la cohésion de l'équipe, la rétention du personnel ou le développement de nouveaux projets, nous avons un produit pour vous.

www.alainsamson.com
alain@alainsamson.com
514-616-2499

Société-conseil
Alain Samson

Printed by Amazon Italia Logistica S.r.l.
Torrazza Piemonte (TO), Italy

59694075R00085